AF299134

FR. JULIEN DE SPIRE

ET LA

LÉGENDE ANONYME DE S. FRANÇOIS ?

EXAMEN CRITIQUE

PAR LE

R. P. HILARIN DE LUCERNE, *O. Cap.*

Docteur en Théologie, Lecteur.

PARIS

ŒUVRE DE SAINT-FRANÇOIS D'ASSISE

5, RUE DE LA SANTÉ, 5

—

1900

FR. JULIEN DE SPIRE

ET

LA LÉGENDE ANONYME

DE SAINT FRANÇOIS

I

Parmi les documents relatifs à la vie de saint François d'Assise, les Bollandistes ont publié sous le nom de « *Biographus secundus* » « *Anonymus noster* », « *Vita secunda* », une légende anonyme, avec l'incipit : « Ad hoc quorundam (1). »

De même, dans leur travail sur saint Antoine de Padoue, les auteurs des *Acta Sanctorum* ont fait imprimer une légende analogue sous le nom de « Vita auctore anonymo valde antiquo (2). »

Il n'y avait pas lieu d'exprimer le moindre doute sur la haute antiquité et la valeur critique de ces Vies de saint François et de saint Antoine ; mais, jusqu'à l'heure actuelle, ni les Bollandistes, ni aucun autre historien n'avaient réussi à déterminer d'une manière certaine la date de leur composition, et surtout l'on n'avait découvert aucune trace de l'auteur de ces légendes.

Tout récemment, le R. P. Ferdinand-Marie d'Araules, de l'Ordre des Frères-Mineurs, a cru combler cette lacune, en publiant le fait « indéniable, matériel, nous serions tentés de dire le fait brutal » que les offices rimés, et chantés depuis le XIIIe siècle aux fêtes de saint François et de saint Antoine sont tirés textuellement de ces deux légendes

(1) Tomus secundus Octobris, de sancto Francisco commentarius praevius, p. 548-683. (éd. 1868) Comme le P. Suyskeus l'a seulement insérée « membratim » dans son commentaire et que le R. P. Ferdinand n'indique pas tous les numéros de ce dernier contenant la Légende morcelée, j'en donne le catalogue complet afin que le document soit mieux à la portée de tous : Acta SS. l. c. n 15. 76. 78. 79. 87-94. 95. 98. 107-109. 112. 114-116. 119. 122-124. 128. 138. 160-165. 168. 170. 172. 173. 182. 184. 202-204. 206. 219. 230. 235. 240 247. 248. 250-256. 260-268. 273-276. 292-295. 298. 306. 344. 345. 400-402. 406-408. 411-426. 433-435. 440. 441. 502. 514-517. 535-537. 543-545. 593-600. 608. 615. 617-621. 635. 643. 646. 655. 666. 668. 669. 671. 673. 674. 677. 717. 718. 727.

(2) *Acta Sanctorum*, tome III. Junii, p. 198. sqq.

anonymes (1). Or, l'auteur de ces Offices est le célèbre poète et musicien franciscain, Frère Julien de Spire, maître de chapelle à la cour royale de France, avant l'année 1227. Donc, nous apprend le P. Ferdinand, c'est Frère Julien qui a écrit les deux légendes anonymes et leur date doit être fixée en conséquence.

Telle est, en résumé, l'étude publiée récemment par le P. Ferdinand, sous le titre : « Une nouvelle découverte de la critique historique » et « Deux découvertes de la critique historique. »

La « *Voix de saint Antoine* » félicitait ses lecteurs d'avoir la primeur de ce travail dont elle fit l'éloge du mois de mai au mois d'octobre 1899 (2). En même temps, la *Revue franciscaine*»venait la seconder en copiant le récit de la découverte(3). Enfin le P. Ferdinand les faisait réimprimer d'abord en partie, puis entièrement dans un autre ouvrage (4), annoncé comme étant d'une valeur et importance *exceptionnelles*.

Après tout ce cortège, c'est encore la « *Voix* » qui se fait entendre, et jette aux échos un dernier chant de triomphe (5). On en a donc parlé à satiété ! et nous ne savons si, au lieu de descendre dans l'arène, il ne vaudrait pas mieux jeter les armes et porter des coquilles au Mont Saint-Michel.

Mais enfin, il nous faut revenir sur le sujet, au nom de l'histoire franciscaine et non en vue de la mention spéciale dont nous avons été honoré (6) parmi les auteurs qui n'ont pas su mettre la main sur cette trouvaille.

Plus nous sommes enthousiasmés du « *Trecento* » franciscain, plus nous devons mettre de soins à écarter toute confu-

(1) *La Voix de saint Antoine*, mai, 1899, p. 167.

(2) *La Voix de saint Antoine*, bulletin mensuel et illustré, 6ᵉ année, mai à octobre 1899, Vanves près Paris, Imprimerie franciscaine.

(3) *Revue franciscaine*, bulletin mensuel publié par les FF. Mineurs, 29ᵉ année, mai à octobre 1899, Bordeaux, rue de la Teste, 36.

(4) *La vie de saint Antoine de Padoue*, par Jean Rigauld, avec une introduction sur les sources de l'*Histoire Antonienne* et un appendice sur les *Légendes de saint François et de saint Antoine*, du Frère Julien de Spire, par le P. Ferdinand-Marie d'Araules de l'Ordre des Frères Mineurs (Bordeaux et Brive, 1899), p. XV-XIX, 161-191.

(5) *Voix de saint Antoine*, janvier 1900, p. 294 et seq.

(6) *Voix de saint Ant.*, 1899, mai, p. 169 ; cf. *Rev. franc.* 1899, p. 217. Aux Pères Capucins (l'Ordre entier est naturellement responsable des écrits du P. Hilarin...!!) le P. Ferdinand aurait pu joindre les Frères Mineurs de Quaracchi, cf. *Anal. franc.* tom. II, p. XXIII, n. 9, et tom. III, p. 636, nota 3.

sion dans la critique historique, car une seule hypothèse présentée comme une donnée sûre et certaine entraîne infailliblement après elle une foule d'idées et de données fausses, surtout s'il s'agit de sources primitives et de textes inédits ; témoins le « *Speculum perfectionis* » de l'infatigable P. Sabatier et la « *Légende des Trois Compagnons* » des RR. PP. Marcellino da Civezza et Teofilo Domenichelli.

A ces publications le P. Ferdinand est heureux d'ajouter ses propres découvertes 1). Cependant tout ce qu'il a de commun avec ces historiens sérieux et émérites, c'est qu'il donne dans le même écueil et, s'il en diffère, c'est par la superficialité qu'il trahit dans ses recherches et la confiance avec laquelle il affirme ses conquêtes.

Nous éprouvons une certaine répugnance à nous exprimer de la sorte, mais des raisons sérieuses nous obligent cependant de mettre en doute ces faits « irréfragables démontrés péremptoirement », qui « coupent court à toute contestation » et nous allons exposer les motifs de nos hésitations.

D'abord, on me pardonnera de ne pas attribuer à la découverte du P. Ferdinand, — si c'en est une, — toute l'importance que lui donne son auteur. Il se félicite d'avoir augmenté le « nombre des documents primitifs de l'histoire franciscaine, retrouvés depuis quelques années (2) », en y ajoutant deux précieuses « Légendes de saint François d'Assise et de son illustre disciple saint Antoine de Padoue, écrites par Julien de Spire... Les deux Légendes composées par le Frère Mineur allemand sortent enfin de leur obscurité, pour paraître au grand jour, et attirer sur elles l'attention des savants (3). »

De fait, la découverte du P. Ferdinand n'a mis à découvert aucun document.

Les légendes dont il s'agit avaient secoué leur poussière depuis longtemps et tous les connaisseurs de l'histoire franciscaine les avaient compulsées.

La « trouvaille » du P. Ferdinand, si c'en est une, — encore

(1) *J. Rigauld*, l. c. p. 161.
(2) *P. Ferdinand*, dans la vie de saint Ant. par J. Rigauld, p. 161.
(3) *P. Ferd.* l. c. p. 161 et seq.

une fois —, ne pourrait apporter à ces légendes qu'un double profit : celui d'en préciser la *date* d'origine et d'indiquer leur *auteur*.

Quant à la *date*, le P. Ferdinand n'a su tirer aucun profit de son travail.

Ce qu'il dit pour fixer celle de la légende de saint François (1), il l'a copié, preuve pour preuve et mot pour mot, dans les Bollandistes (2), excepté une seule circonstance tirée d'Eccleston, qu'il utilise pour s'écarter encore davantage de la vérité.

Frère Eccleston (3) affirme que l'Office rimé de saint François se chantait déjà en présence de Grégoire IX (4). C'est bien. Mais le témoignage en question ne peut être de quelque utilité, que si cette Légende est antérieure à l'Office. Or, nous prouverons qu'il n'en est rien.

Quant à la légende de saint Antoine, il sait seulement d'après Glassberger (5), qu'une lettre circulaire du bienheureux Jean de Parme suppose l'usage liturgique de l'Office antonien, par Julien de Spire, avant 1249, office tiré luimême de la légende anonyme en question.

Mais, que cette légende antonienne soit la source de l'Office rimé, voilà une assertion que nous croyons bien risquée.

Ensuite, ni à l'endroit cité par le P. Ferdinand, ni à aucun autre, Glassberger ne parle de la lettre circulaire lancée par Jean de Parme (6). C'est la Chronique des XXIV Généraux (7) qui en fait mention, sans cependant parler de l'Office antonien. Wadding enfin nous en communique le texte (8) ; mais

---

(1) *Voix de saint Antoine*, 1899, p. 199. *J. Rigauld*, l. c., p. 174 et seq.

(2) Voir Acta SS. t. II. Octo. Comment. praevius, p. 547, n° 12 sq.

(3) *Eccleston*, De adventu Fratrum Minorum in Angliam, ed. Brewer (Monumenta franc., London 1858), p. 62, ed. Analecta fr., t., I., p. 251.

(4) En 1235, d'après la preuve du R. P. *Édouard d'Alençon*, Analecta Ord. Min. Capucinorum t. XV. 1899, p. 349 ; Études franc. t. II. 1899, p. 645.

(5) *P. Ferdinand*, éd. de *J. Rigauld* p. 188, note 1. cite Chron. ap. Analecta Franc., t. II p. 46.

6) Enfin, à la page 46, *Glassberger* ne parle pas même du ministre général Jean de Parme, c'est de Jean Parens qu'il écrit et qui démissionna comme Général au chapitre de la Pentecôte 30 mai 1232, donc, *avant* la canonisation de saint Antoine 13 *Juin* 1232.

(7) Chronica XXIV Generalium, ed. Analecta franc. t. III. p. 275.

(8) Wadding, Annales ad. an. 1249 n° 2.

ce texte ne dit rien sur l'usage de l'Office composé par Frère Julien, il nie plutôt catégoriquement son existence officielle en 1249. Jean de Parme interdit tout changement dans le Bréviaire, *excepté* en ce qui concerne les antiennes de la Sainte Vierge après complies et *l'office de saint Antoine, parce que celui-ci n'a pas encore été réglé par le Chapitre général* (1).

Donc l'office solennel de saint Antoine composé par Julien, office qui, une fois introduit, ne subit jamais de modification, n'était pas encore dans le Bréviaire officiel, et voilà l'origine du désordre que nous remarquons dans la liturgie du Thaumaturge avant 1249, désordre officiel, que le Frère Teutonique fit disparaître par son chef-d'œuvre poétique et musical sur saint Antoine. Quant à la date des « *Légendes du Frère Julien* » le P. Ferdinand n'a donc rien fait que de copier et de brouiller ce qu'on en avait déjà écrit.

Pour ce qui concerne *l'auteur* de ces légendes nous soumettrons l'argumentation du R. P. Ferdinand à un examen minutieux ; car c'est le point culminant de sa « découverte » et partant, de notre étude.

Nous nous occuperons ex-professo de la seule légende de saint François, bien que notre travail atteigne aussi indirectement celle de saint Antoine « par Fr. Julien de Spire ».

Si nous n'en parlons pas explicitement, c'est pour laisser toute liberté de travail au P. Edouard d'Alençon. Il vient de nous promettre une étude sur les sources historiques antoniennes (2).

Avant d'aborder la question, nous voudrions faire parvenir à la connaissance du P. Ferdinand une remarque très utile pour lui. Il y a dix ans déjà, monsieur Edouard Lempp a publié un travail sur les sources historiques antoniennes dont la valeur scientifique surpasse de beaucoup le sien (3).

---

(1) Voici les paroles du Ministre général de Parme: « Idcirco discretioni vestræ... duxi præsentibus iniungendum, quo præter id solum, quod ordinarium Missalis et Breviarium a Fratre Aymone correctum... noscitur continere, ut nihil omnino.., B. Virginis antiphonis quæ post Completorium diversis cantantur, *et officio beati Antonij, quousque de ipso melius ordinetur, tantum exceptis,* in choro cantari vel legi... modo aliquo permittatis » Wadd. 1. c.

(2) *Etudes fr.*, janvier 1900, p. 165.

(3) Antonius von Padua : I. Quellen II. Schriften. Von Eduard Lempp, dans Brieger's Zeitschrift für Kirchengeschichte. XI. Band (Gotha, Perthes 1890) p. 177-211. 503-538.

Avant d'écrire de *nouvelles* pages de critique historique, il
ne serait peut-être pas inutile de lire d'abord les *vieilles !*

Lui reprocher d'avoir ignoré ce travail serait trop exigeant
de notre part. Mais pourquoi se donne-t-il l'apparence de le
connaître, en citant un volume qui devrait le contenir et ne
le contient pas (1).

Une autre remarque : la fameuse découverte de *la légende
de saint Antoine « par Frère Julien », ne lui appartient même
pas. Elle revient à M. Léon de Kerval.* La « *Revue franciscaine* »
elle-même nous le disait au mois de Juin 1899 2). Malgré
cette affirmation, le bon Père publie cette « trouvaille », quelques mois après, en son propre nom, jusqu'à quatre reprises (3) et sans souffler mot de M. de Kerval. Oh! l'ironie du
« *Cuique suum* » en littérature !

II

A première vue, au dire des nouveaux Bollandistes, on dé-
couvre, dans la Légende de saint François en question,
« un résumé servile (4) » de la première Vie de saint
François par Thomas de Celano. Ce résumé fut écrit après
la canonisation de saint Antoine de Padoue (5), en tout cas
dans la première moitié du XIIIe siècle, vu que Vincent de
Beauvais, mort en 1264, en a inséré la plus grande partie
dans son *Speculum historiale* (6) et qu'elle précède même la
Légende des « Trois Compagnons » (1246) et la mort de Grégoire IX. (1241) (7).

Or, le R. P. Ferdinand, à la suite d'une confrontation de
cette « *Vita anonyma* » (8), avec le texte de l'Office rimé de
saint François, avance que celui-ci est emprunté presque entièrement à celle-là, et après avoir établi ce « fait », il conclut
sans façon à l'identité d'auteur de la Vie anonyme et de l'Of-

----

(1) *Voix de Saint Antoine*, janvier 1900, p. 295, note 1.

(2) *Revue francisc.*, juin 1899, p. 256.

(3) *Voix de saint Antoine*, septembre et octobre 1899, p. 232 sqq ; *Revue francisc.*,
octobre 1899, p. 456 sqq. ; *Jean Rigauld*, XV sqq. et encore p. 184 sqq.

(4) *Analecta Bollandiana*, t. XVIII, fasc. II, p. 175, Bruxelles 1899.

(5) *Acta SS.* l. c. p. 595, n. 266.

(6) ib. XXX, c. 97-99 ; lib. XXXI. c. 99-109, 121-122. cf. *S. Antonini Florent.*,
Chronic. tit. XXIV. c. 2.

(7) *Acta SS.* l. c. p. 547, n. 12.

(8) Nous appellerons ainsi la Vita « Ad hoc quorumdam » en question.

fice de saint François. « Nous avons prouvé », dit-il, « que l'Office et la susdite Légende sont d'un seul et même auteur (1). »

Eh bien ! non, ce n'est pas prouvé ; cette résultante n'a pas d'appui et ne peut pas en avoir.

« On le voit, dit-on tout bonnement, le rapprochement est complet entre l'office et la légende : les pensées, les tours de phrases, les expressions, les mots eux-mêmes sont identiques, comment expliquer cette unité d'inspiration et de style, autrement que par l'unité d'auteur ? (3).

Comment l'expliquer autrement ! Mais il n'y a rien au monde de plus aisé.

Tout d'abord cette unité d'inspiration et de style, qui rattache l'Office de saint François à la Vie anonyme, existe tout aussi bien entre cette Vie et la 1re Légende de Celano : les pensées, les tours de phrases, les expressions, les mots eux-mêmes sont presque identiques ; la chose est évidente, et une table synoptique, ajoutée à notre travail mentionné plus haut, en fournira une preuve plus explicite.

En admettant le principe du R. P. Ferdinand, il faudrait conclure ou bien que Thomas de Celano, l'auteur de la 1re Légende, a composé aussi la Vie anonyme et l'Office, ou bien que Frère Julien auquel appartient l'Office, est l'auteur non seulement de la Vie anonyme, mais aussi de la 1re Vie : deux conséquences absolument erronées. A quoi donc aboutit le rapprochement intime de l'Office et de la Vie anonyme ? Tout au plus à *une probabilité très faible* de l'unité d'auteur. Et cette probabilité même se réduit à une *pure possibilité*, si nous songeons un peu aux considérations qui vont suivre.

La priorité de la Vie anonyme sur l'Office une fois admise, nous concevons très facilement comment Frère Julien de Spire, le compositeur de l'Office rimé, ait suivi et pour les matières

(1) Le *P. Ferdinand* n'ayant collationné les Offices de saint François et de saint Antoine que sur le texte d'un bréviaire de 1680, il lui fut impossible de pourvoir suffisamment à la critique du texte et à son intégrité. Il est surtout regrettable qu'il n'ait pas connu des *Responsorium nonum* très intéressants, se rapportant aux deux fêtes. Dans un travail prêt à paraître, nous allons publier l'Office de saint François dans le texte et la musique originale, d'après des manuscrits du XIIIe siècle.

(2) *Revue franciscaine*, juin 1899 p. 255.

(3) *Voix de saint Antoine*, juin 1899 p. 187 ; *Revue franciscaine*, juin, p. 254 ; *Jean Rigauld*, p. 172.

et pour la forme, cette « *Vita,* » même si elle était d'une plume toute différente de la sienne. Il avait des raisons suffisantes d'agir ainsi, et nous serions fort étonné s'il ne l'avait pas fait.

Pour bien comprendre ce que nous avançons, nous donnons quelques renseignements préliminaires sur les légendes de saint François destinées au chœur, avant 1266.

Il y en avait plusieurs. Le Chapitre général de Paris (1266) donna le décret suivant : « *Item precipit generale capitulum per obedientiam, quod omnes legende de beato Francisco olim facte deleantur, et ubi extra ordinem inveniri poterunt ipsas fratres studeant amovere, cum illa legenda que facta est per generalem ministrum fuerit compilata prout ipse habuit ab ore eorum qui cum beato Francisco quasi semper fuerint et cuncta certitudinaliter sciverint, et probata ibi sint posita diligenter (1).* »

Le R. P. van Ortroy nous a fourni la preuve (2) péremptoire que ce chapitre n'a point voulu faire tarir les sources d'informations pour l'histoire du Séraphin d'Assise. En interdisant toutes les légendes de saint François antérieures à Bonaventure, le décret cité ne vise que les légendes de chœur (3), il adopte tout simplement la Legenda minor de saint Bonaventure comme devant être lue, à l'exclusion des autres, dans l'Office de saint François.

Il existait donc avant l'année 1266 plusieurs légendes franciscaines de chœur. Cependant du temps de Frère Julien ou, pour être plus exact, avant 1246 (date de la légende des Trois Compagnons) il n'y en avait que deux ou tout au plus trois. D'abord Celano avait écrit sa 1re Vie, approuvée par Grégoire IX, le 25 février 1229 (4). Il paraît que le notaire apostoli-

---

(1) *Little* Decrees of the general chapters of the friars Minor, in the English historical review vol. XIII 1898 p. 705 ; *Ehrle*, Die ältesten Generalconstitutionen des Franziskanerordens, im « Archiv für Literatur und Kirchengeschichte, » Bd VI, p. 39.

(2) *Voir Analecta Bollandiana*, t. XVIII fasc. 11. p. 175. sq.

(3) Dans *La Voix de S. Antoine*, janvier 1900 p. 295, le P. F. (ou son panégyriste) répète de nouveau le reproche erroné et injuste que « le parti de la Large Observance arrachait à un Chapitre général l'ordre de détruire toutes les légendes antérieures à celle de saint Bonaventure » Le P.F. a pourtant lu le travail du R.P. Van Ortroy, au moins il le cite dans *J. Rigauld* p. 182 note 1.

(4) « Apud Perusium felix Dominus papa Gregorius nonus II° gloriosi pontificatus sui anno quinto Kal. Martii legendam hanc recepit, confirmavit et censuit fore tenendam » Cod. lat. 3817 fol. 282 b2 de la Bibl. Nat. Cette note est due aux Bol-

que, Jean de Ceprano, y ajouta la sienne peu avant 1246. D'après
Wadding (1) elle aurait été écrite sous le Général Crescentius de Jesi (1244-57). Peut-être a-t-elle été inpirée après la
défaite et la déposition de Frère Elie (1239) pour éliminer
les louanges que Frère Thomas de Celano lui avait adres-
sées dans la 1re Vie, louanges qui se trouvent encore dans
la légende anonyme (2). Celle-ci fut donc écrite après la
1re Vie, mais avant la légende de Ceprano, sous Grégoire IX (3),
et même avant 1239, et dès son apparition, elle dut être la pré-
férée, parmi les légendes de chœur.

La légende de Ceprano semble n'avoir jamais été en usage
dans la liturgie des Frères Mineurs, puisqu'on n'en trouve
aucune trace dans les monuments de l'antiquité franciscaine.
Les Frères Prêcheurs se servaient depuis l'année 1256 d'un
résumé de Ceprano comme lectionnaire pour la fête de saint
François (4). Le P. Edouard d'Alençon (5) l'a publié, et il en
résulte que l'ouvrage du notaire apostolique a été une compilation de la 1re vie de Celano (6).

Cette 1re Vie n'était pas sous tous les rapports faite
pour être lue au chœur. Sa longueur, sa distribution en
trois parties, enfin son traité démesurément étendu sur les
deux dernières années de saint François et la description
diffuse des miracles nous le prouvent suffisamment.

La Vie anonyme au contraire évite tous ces inconvénients.
Elle porte le titre de Légende à l'usage « du chœur », et
fut réellement composée dans ce seul but, parce que celle
de Celano ne répondait pas à toutes les exigences. Autrement ce résumé n'aurait pas eu sa raison d'être.

landistes (Catalogus Codicum hagiographicorum bibl. Nat. Paris T.I. (Bruxelles 1889).
p. 362-364. Voir *Sabatier*, Speculum perfectionis, p. XCVIII. s. Par suite d'un
petit anachronisme Mgr. Faloci Pulignani (Miscellanea francesc. vol. VII fasc. V
Foligno 1899, p. 148, note 2). fixe la date de la 1re Vie au 24 février 1231.

(1) Scriptores Ord. Min Romae, 1650, p. 223 ; cf. *Sbaralea*, Supplementum ad
Scriptores, Romae 1806 p. 674 sq.

(2) V. Acta SS. l. c. p. 662 sq. n° 615-620.

(3) Voir Acta SS. l. c. p. 547, n° 12.

(4) V. *Denifle*, Zeitschrift « für kathol. Theologie VII. vol. (Innsbruck 1883),
p. 710 s. et Archiv für Lit. und Kirchengesch. I vol. (Berlin 1885), p. 148.

(5) Spicilegium franciscanum. Legenda brevis sancti Francisci nunc primum
edita, Romae 1899 ; Anal. Capuc. t. XIV. (Romae 1898), p. 370 sqq.

(6) Cf. *Faloci-Pulignani*, Gli storici di S. Francesco, nella Miscell. fr. vol. VII.
fasc. V. (Foligno 1899), p. 165, n° 26.

Si nous ne pouvons pas en fournir une preuve appuyée sur des monuments liturgiques, c'est parce que nous ne possédons, à notre connaissance, aucun Bréviaire de l'Ordre, antérieur à l'année 1266 et contenant des leçons pour la fête de saint François (1). En 1266, les anciennes Légendes furent remplacées, comme nous le savons, par la « Legenda minor » de saint Bonaventure.

Or, si dans la supposition du P. Ferdinand, la Vie anonyme précède l'Office rimé et si elle occupait déjà une place dans la liturgie quand cet Office fut composé, nous comprenons facilement, que Frère Julien l'ait prise pour base de sa composition, sans que, pour cela, on puisse voir en lui l'auteur de cette Vie anonyme.

Pour rendre populaire une « *historia* », un Office rimé quelconque, il fallait nécessairement l'appuyer sur les autres parties historiques de l'Office respectif. Aussi tous les auteurs d'Offices historiés — et Frère Julien, comme nous le verrons, en fut le coryphée — avaient pour principe de se rattacher immédiatement aux leçons des trois nocturnes (2), soit pour les antiennes, soit pour les répons, ou bien aux Psaumes respectifs pour les antiennes et aux leçons pour les répons. Frère Julien choisit ce dernier mode pour l'Office de saint Antoine, et l'autre pour celui de saint François. S'ensuit-il, pour cela, qu'il est l'auteur de la Vie anonyme ? Nullement.

On serait plutôt tenté de se poser la question, si au contraire, cette légende ne serait pas due à la plume de Celano ?

Mais, nous dira-t-on, est-il vraisemblable que Celano, l'écrivain si fécond et si classique, ait pu se résigner à raccourcir sa propre Légende, c'est-à-dire, sa première Vie, pour en faire un abrégé sommaire ?

Parfaitement ! La preuve c'est qu'il a fait un autre abrégé beaucoup plus petit pour son confrère Benoît et partagé,

---

(1) Les seuls Bréviaires franciscains, qui soient, à notre connaissance, certainement antérieurs à 1266 ce sont le Cod. Ludw. Rosenthal E. S 292* XXVI, et le Cod. Vatic. Lat. 8737 dont nous donnerons plus d'un détail dans notre édition de l'Office de saint François. Ils ne contiennent que l'Office rimé avec la musique. « Il Breviario di S. Francesco » o di « S. Chiara » à Assise n'a rien de S. François. Voir *P. Edouard d'Alençon* dans les analecta ord. Min. Capuc. T. XIV. p. 175 sqq. *P. Antonino da Reschio*, O. M. C. dans l'Oriente serafico 1899, e l'Eco di S. Francesco 1899.

(2) Pendant le Moyen-âge, toutes les leçons des trois nocturnes étaient prises dans la vie du Saint, dont on faisait la fête.

dans le bréviaire, en neuf leçons (1). Et saint Bonaventure lui-même n'a-t-il pas aussi résumé sa vie de saint François, de sorte que, sur la foi de plusieurs manuscrits (2), la Legenda major se lisait à table et la Legenda minor au chœur, pendant l'Octave du saint Patriarche ?

Ces deux légendes correspondent parfaitement à la première vie de Celano et à la « Vita anonyma ».

Nous sommes même à nous demander, si le saint Docteur n'a pas imité la Première Vie et la Légende anonyme, parce qu'elles tenaient à peu près le même rang comme lecture de table et de chœur avant 1266 ?

Un passage de Wadding paraît confirmer cette hypothèse. Il écrit de Celano : « Alteram Legendam minorem prius (ante Legendam antiquam) ediderat, quae legebatur in choro 3). » Or, cette petite légende n'est pas celle qu'il composa pour Frère Benoît. Car Celano lui-même assure qu'il a composé le petit abrégé du Frère Benoît, pour les Bréviaires et les livres liturgiques de voyage, qui étaient alors très distincts des livres de chœur (4). D'ailleurs au chœur, on lisait chaque jour pendant l'octave de saint François neuf leçons (5) ; il est donc clair qu'une légende de neuf leçons seulement ne pouvait pas suffire.

Ce n'est pas la 1re Vie non plus, dont parle Wadding. Car la 1re Vie et la « *Legenda antiqua* » de Celano sont à peu

(1) Publiée par *Papini*, Notizie sicure della morte, sepoltura, canonizzazione e traslazione di S. Francesco d'Assisi, 2ª. ed., Foligno 1824, p. 239-43. Papini ne donne que les quatre premières leçons ; les autres manquaient dans le ms. du Sacro Convento. Tout récemment le R. P. Edouard a eu l'obligeance d'annoncer que le R. P. van Ortroy S. J. venait de retrouver le texte complet des leçons de Celano dont Papini ne donne que le commencement dans les *Notizie Sicure*, et qu'il les a offertes à Mgr Faloci pour la *Miscellanea*.

(2) Par ex. Cod. Vatican. 7570 (XIV saec.), fol. 1. verso : « Haec maior vita sive legenda b. Francisci pro edificatione fratrum. in quolibet loco habeatur et potest legi ad mensam per totam octavam natalis b. Francisci. Minor autem legenda, quae de hac excerpta est, poni debet in libris choralibus et legi secundum suas distinctiones in festivitatibus beati Francisci et per octavam natalis eius et in breviariis portatilibus potest poni ».

(3) Wadd. Scriptores Ord. Min., Romae 1650, p. 323.

(4) « Rogasti me, Frater Benedicte, ut de legenda Beatissimi Patris nostri Francisci quaedam exciperem, et eam in novem lectionum seriem ordinarem, quatenus in Breviariis deberent haec poni, cum ob suam brevitatem ab omnibus possent haberi ». *Papini* Notizie sicure l. c. p. 239.

(5) « Infra octavam vero (B. Francisci) leguntur cotidie IX, lectiones de legenda ipsius ». Cod. 142 (saec. XIII). des RR. PP. Cordeliers de Fribourg. fol CCCLXXXI verso.

près de la même longueur. Wadding ne parle donc ni de la 1re Vie, ni de la « Legenda antiqua, » ni de la Legenda breviata, il parle de notre Vie anonyme.

Il n'y a pas de doute. Car dans ses Annales, il écrit, conformément aux Scriptores : « *Fr. Thomas Celanus ex mandato olim fel. rec. Gregorij IX edidit Legendam, quam in choro fratres cantabant.* (1) » Quelle est cette légende ? D'un côté une étude sérieuse des Annales nous prouve que Wadding n'a pas connu la 1re Vie de Celano (2) ; d'un autre, il nous communique beaucoup de passages tirés de la 1re Vie et correspondant à notre « Légende anonyme » : par conséquent Wadding attribue cette Légende à Thomas de Celano (3).

En outre la légende de sainte Claire (4), composée par Celano pour le chœur, et qui se trouve dans les plus anciens bréviaires franciscains (5, correspond pour la disposition, la forme et la grandeur à la Vie anonyme de saint François, ce qui nous fait croire que cette légende liturgique fut composée, elle aussi, par Celano lui-même.

En vérité, il serait fort surprenant que l'on se soit servi de la Vie anonyme pour la liturgie, si cette Vie n'avait pas été écrite par Celano, le biographe officiel de saint François, et de sainte Claire, lui dont l'autorité était alors si grande aux yeux des Souverains Pontifes Grégoire IX et Aléandre IV aussi bien que de son Ordre.

Que la « Vie anonyme » ne se soit pas conservée sous le

---

(1) Wadd. Ann. ad. an. 1244 n. 10. De ce passage le P. *Suyskens* concluait déjà que Thomas de Celano a composé une Légende à l'usage du chœur, outre la 1re Vie et la Legenda antiqua. Voir Acta SS. t. II Oct. p. 546. n. 5.

(2) Acta SS l. c.

(3) *Sbaralea* nous semble parler de cette Vita en écrivant : « Vita S. Francisci anonyma ab illa quam S. Bonaventura composuit diversa, et ms. habetur in pluribus Bibliothecis Oxoniae, et alibi in Anglia ex catalogis mss. codd. Anglican. an. 1698 vulgatis ; incertum tamen hujusne (Thomæ a Celano), vel alterius sit opus. » Supplementum et castigatio ad scriptores trium Ordinum, Romæ 1806 p. 673 sq.

(4) *V. Cozza-Luzzi Giuseppe.* Il codice Magliabechiano nella Storia di S. Chiara. Lettera a Luigi Fumi. Nel Bolletino della Società Umbra di Storia Patria. Perugia, 1895 vol. I, p. 417-26. Bibliotheca hagiographica latina des *PP. Bollandistes*, fasc. II (Bruxelles 1899) p. 272 sq. n. 1815, *Sabatier*, Speculum perfectionis ; p. LXXV, note 4. *Faloci Pulignani* nella Miscellanea franc. vol. VII. fasc. V. (Foligno 1899) p. 157. *Acta SS.* tom. II. Augusti p. 754 sqq.

(5) A notre connaissance, le bréviaire le plus ancien, qui suive les neuf leçons pour la fête de sainte Claire extraites textuellement de cette légende, est le cod. 142 des RR. PP. Cordeliers à Fribourg, fol. CCCIL verso sqq. (XIII saec.). La légende se trouve aussi dans le cod. J. VI. 33 de la Bibliothèque Royale de Turin, fol. 88-94.

nom de Celano, cela ne prouve rien. Tout d'abord, elle n'était qu'un résumé de la première et elle fut mise de côté depuis 1266 ; puis la petite légende composée sur les instances de Frère Benoît n'était pas mentionnée non plus sous son nom ; enfin la 1re Vie elle-même fut ensevelie dans l'oubli depuis le XIIIe jusqu'au XVIIIe siècle et ne se trouve que dans quelques manuscrits.

Une dernière raison, c'est que l'auteur de la Vie anonyme promet à plusieurs reprises un traité plus étendu sur les miracles de saint François (1). Le « Liber miraculorum sancti Francisci », publié par le R. P. van Ortroy (2) ne serait-il pas la réponse à cette promesse ?

Nous les croirions presque, si la Légende anonyme était écrite d'après la 1re Vie seulement. Mais, nous sommes convaincu qu'elle émane encore d'une autre source étrangère à Celano. Il s'agit ici d'une circonstance aussi importante qu'inattendue. Elle s'attaque à la base même de l'édifice élevé par le P. Ferdinand, et tout en enlevant la probabilité que cette vie est de Celano, elle nous autorise à *nier jusqu'à la possibilité du fameux « fait irréfragable »*. Expliquons-nous.

⁎ ⁎

Nous avons vu que même en admettant la dépendance de l'Office rimé de la Légende anonyme, on ne peut en inférer aucune prescription ni aucune preuve qui nous laisse entrevoir l'identité d'auteur pour les deux pièces. Mais, cette dépendance, sur laquelle repose la thèse du P. Ferdinand, est une affirmation purement gratuite, et il est tout aussi possible que la Légende en question dépende de l'Office.

Rien ne nous empêche de l'affirmer : il est plus compréhensible qu'un prosateur utilise, même à la lettre, certains passages d'un morceau de poésie liturgique des plus sublimes, qu'un poète, un musicien si hautement doué, comme l'était Julien, s'attache dans sa poésie, à copier de la prose dans une Légende qu'il aurait lui-même préalablement composée.

(1) « Cujus miracula etsi prolixiori tractatui reservemus... numerum tamen, ad praesens non ponimus... » etc. Acta SS. l. c., p. 624, n. 411 ; 626, n. 421.

(2) Dans les Analecta Bollandiana, tom. XVIII, 1899, fasc. I et II, p. 81-176.

Ce n'est pas tout. Dans l'hypothèse du P. Ferdinand, Julien aurait d'abord résumé servilement la 1ʳᵉ Vie de Célano, puis il se serait servi de ce résumé servile (Légende anon.) pour en extraire, avec la même servitude, sa poésie, son Office rimé, et le fruit de ce travail serait cet Office splendide, d'une si haute valeur, le plus beau de tout le moyen-âge. Est-ce possible ?

Le seul moyen d'expliquer les rapports intimes qui relient l'Office à la Légende anonyme, est celui-ci : Julien composa librement son Office d'après la 1ʳᵉ Vie de Célano, la seule Légende authentique et liturgique de saint François avant 1235 (1), puis un troisième auteur se servit de la 1ʳᵉ Vie et de l'Office pour composer la Légende anonyme destinée au chœur.

Qu'il en fut ainsi dans la réalité, il n'est pas difficile de le prouver. La Légende a si bien conservé les traces de la forme poétique de l'Office, que pour reconstruire nombre de vers, de rimes et de strophes entières on n'a qu'à transposer quelques mots et mettre le parfait de narration du récit légendaire au présent de l'Office poétique. Citons quelques exemples :

Office de S. François.	*Légende anonyme.*
Franciscus vir catholicus Et totus apostolicus. (1. vêpres, 1. ant.).	Hoc ipse vir catholicus et totus apostolicus. (A. SS. nᵒ 262).
Cœpit sub Innocentio Cursumque sub Honorio Perfecit gloriosum. Succedens his Gregorius Magnificavit amplius Miraculis famosum. (1. vêpres, 2. ant.).	Cœperat cursum sub Innocentio sub eiusdem successore Consummavit Honorio. Quibus... Gregorius succedens famosum miraculis amplius magnificandum duxit. (A. SS. 673 sq.).
Hic vir in vanitatibus Nutritus indecenter, Plus suis nutritoribus Se gessit insolenter. (1., noct. 1. ant.).	Fuit vir in... vanitatibus indecenter nutritus, suis etiam nutritoribus insolentior est effectus. (A. SS. 78.).

(1) Voir page 6, note 4.

In agrum mox dominicum
Secedit meditari.
    (I. noct. 1. répons)
	In agrum dominicum meditari
	secedit.
	    (A. SS. 107).

Nudusque manens exulem
In mundo se designavit.
    (II. noct. 3. ant.)
	Nudus remanens in mundo se
	exulem designavit.
	    (A. SS. 128).

Zelator novae legis
Respondet sic prophetice
Praeco sum magni regis.
    (II. noct. 1. répons.).
	Legis novae zelator...
	Prophetice sic respondit.
	Praeco sum magni regis.
	    (A. SS. 161).

Tres nutu Dei praevio
Ecclesias crexit.
    (II. noct. 2. répons.).
	Tres ecclesias crexit nutu Dei
	praevio.
	    (A. SS. 170.)

Il est superflu d'alléguer d'autres passages, puisque le
P. Ferdinand lui-même avoue que les antiennes et répons de
l'Office, « tant soit peu modifiés pour les exigences de la poésie
rimée (1) », se trouvent dans la Légende. Mais comment donc
est-il parvenu à la conception que ces vers fussent extraits
de la Légende ? Quand on trouve dans un morceau écrit en
prose, des passages marqués à des caractères poétiques très
nets, et que ces passages, à de minimes modifications près,
sont énoncés sous forme de vers construits avec soin ; quand
on sait, en même temps, que ces vers existent presque mot
pour mot dans une poésie contemporaine de première valeur,
quel homme osera nous dire que cette poésie fut extraite de
la prose ? Mieux vaudrait relever de ses ruines la théorie des
créations spontanées !

Mais, nous dira-t-on, la poésie du Teutonique s'attache si
fortement au fil de l'histoire et la Légende de saint François
est en elle-même une histoire si pleine de poésie que ces
deux caractères de la Légende anonyme ne permettent en
aucune façon d'en tirer la preuve convainquante que le Légendaire se soit servi de l'Office de Julien.

Une telle preuve ne pourrait être fournie que *par un passage poétique, non « historié » qui, sans appartenir à Julien,
se trouverait quand même et dans l'Office et dans la Légende
anonyme.*

Ce passage existe, et nous l'avons trouvé.

(1) *Voix de Saint Antoine*, 1899, mai, p. 167. *Revue franc.* 1899, mai, p. 215.

C'est le **1ᵉʳ** et le **2ᵉ** répons du IIIᵉ nocturne, dont voici, avec explications, la teneur dans l'Office et la Légende anonyme :

Officium S. Francisci (selon le Cod. Rosenthal E. S. 292ᵃ.)

VII. — RESPONSORIUM :

Carnis spicam contemptus area
Franciscus frangens terens terrea,
Granum purum excussa palea
Summi regis intrat in horrea
Vivo pani morte iunctus
Vita vivit vita functus.

VIII. — RESPONSORIUM :

De paupertatis horreo
Sanctus franciscus satiat
Turbam Christi famelicam
In via ne deficiat.
Iter pandit ad gloriam
Et vite viam ampliat
Pro paupertatis copia
Regnat dives in patria
Reges sibi substituens
Quos hic ditat inopia.

Legenda anonyma (selon les Acta SS. l. c. p. 668. n° 646.)

Sic nimirum, qui *contemptibiliter* in *area* vitæ hujus laboriosæ *spicam carnis terendo confregerat*, jam *excussa palea, granum purum in horrea Summi Regis* ingreditur ; sic mortali *vita defunctus*, æternaliter *victurus*, *vivo Pani conjungitur*, qui *turbam Christi famelicam, ne in via deficeret, de paupertatis horreo satiaret.* Et bene super aquas multas in specie stellæ, candida subvectæ nubecula, videbatur ascendere ; quippe qui mundus ex aquis terrenæ delectationis assumptus, multitudini populorum tam miraculis, quam vita, splenduerat et doctrina ; quibus in lata perditionis via, quasi cæcis errantibus luminosum *iter pandens ad gloriam*, eam, quæ prius stricta, paucis in illa, gradientibus timebatur, *ampliaverat* se turmatim sequentibus *vitæ viam, regnat igitur dives in patria pro paupertatis* transitoriæ *copia, regnat,* inquam, *sibi regibus* hujus mundi *substratis, quos hic* misera rerum pereuntium *ditat inopia.*

En confrontant ce passage de l'Office avec celui de la Légende, nous voyons que le texte poétique du premier est évidemment antérieur à l'autre et en est le type. Le texte de la Légende est lui-même un morceau de poésie, c'est la poésie de l'Office. A part une phrase, qui d'ailleurs n'est pas à sa place et cherche à recouvrir les vers en leur jetant le voile d'un commentaire prosaïque, tout ce fragment n'est pas autre chose qu'une pièce de vers, insérée dans la Légende au moyen de la formule : « Sic nimirum », et le sujet ainsi versifié est étranger à la somme historique de la Légende.

Il est donc évident que, au moins dans ces deux répons, la Légende anonyme est tributaire de l'Office. Ne pourrait-on pas tirer la même conclusion pour les autres parties où le raisonnement est moins sûr, parce que le sujet historique a été mis sous une forme « historiée » ?

Mais, continuons. Nous savons que toute la Légende anonyme est un résumé de la 1ᵉ Vie. Or l'Anonyme fait une digression dans le passage cité plus haut, et dans ce passage seul (1). Pourquoi donc ? Parce que l'Office fait de même ! Ce n'est pas l'inverse du tout : car, nous prouverons tout à l'heure, que ce passage, (n'en déplaise au P. Ferdinand), n'est pas de Julien et est antérieur à son ouvrage. Par conséquent, la Légende anonyme dépend de l'Office et non pas l'Office de la Légende anonyme.

Nous disions donc que ces deux répons rimés ne sont pas de Julien ; en effet, ils appartiennent aux « Aliquanta responsoria » dont parle Bernard de Besse ; « *Frater Julianus*, dit-il, *nocturnale sancti officium in littera et cantu posuit praeter hymnos et aliquantas antiphonas* (2) *ac responsoria, quae summus ipse pontifex et aliqui de cardinalibus in sancti praeconium ediderant* (3) ».

D'après Wadding (4), l'auteur du VIIᵉ Répons « Carnis spicam » serait Thomas de Capoue, Prêtre Cardinal de Sainte-Sabine (5), tandis que Othon Candide, marquis de Montferrat, Cardinal de Saint-Nicolas in carcere Tulliano (6), écrivit le VIIIᵉ Répons « *De paupertatis horreo* » (7). En tout cas, ils ne sont pas du Teutonique. La forme est tout autre, le sujet n'est pas historique ; tandis que Julien dans ses Antiennes et Répons

---

(1) Abstraction faite du Prologus de la Légende anonyme ; nous en parlerons à la fin de cette étude.

(2) C'est-à-dire les Antiennes du Magnificat et du Benedictus pour la fête et l'octave de Saint François. Voir notre édition de l'Office.

(3) *Bessa*, Liber de Laudibus B. Francisci, éd. P. Hilarinus a Lucerna, (Romæ 1897) p. 2 sq., éd. Anal. Francisc., t. III, p. 666.

(4) *Wadding*, Annales Ord. Min. ad an : 1228. n. 78.

(5) Thomas de Capoue fut cardinal de Sainte-Sabine sous Innocent III et Grégoire IX. Voir Potthast, *Regesta Roman. Pontif.*, t. 1, p. 678, 938.

(6) Otho Candidus marquis de Montferrat, sous Grégoire IX, cardinal de S. Nicolas in carcere Tulliano, sous Innocent IV, évêque-cardinal de Porto. Voir Potthast l. c. t. 1 p. 939 ; t. II. p. 1284 sq, ; P. Pius B. Gams. Series episcoporum ecclesiæ catholicæ (Ratisbonæ, Manz 1873) p. IX.

(7) *Wadd.* l. c.

se base toujours sur la 1re Vie de saint François. Enfin
nous trouvons une preuve convainquante dans ce fait, que
Fr. Julien versifie pas à pas la Ire Vie, depuis la Ire Antienne
du Ier Nocturne jusqu'à la dernière du IIIe Nocturne, puis,
il intercale les deux Répons en question, déjà existants et
publiés (1), après quoi il reprend la Ire Vie au point où il l'avait
quittée, et poursuit la versification au IXe Répons, à Laudes
et à Vêpres (2).

Ces deux Répons, n'étant pas de Julien, croirions-nous
que le Poète soit allé chercher ces passages, qui ont peu
de prix et n'arrivent pas à sa hauteur, pour les ajuster, en
prose défectueuse à la Légende anonyme, afin d'en forger
ensuite son Office ? On nous fera grâce de la réponse.

Nos recherches nous conduisent donc à des résultats dia-
métralement opposés à ceux du P. Ferdinand, c'est-à-dire
que la « Légende anonyme » ne peut pas être attribuée au
Fr. Julien de Spire, mais qu'elle fut composée par un autre
auteur d'après la Vita I^a de Celano et l'Office rimé de saint
François — et nous ajoutons que c'est la seule explication
possible.

.
. .

Les critériums internes faisant volte-face à la thèse
du P. Ferdinand, nous sommes très curieux de voir comment
il va établir, « d'une façon irréfragable, par des textes de
Jourdain de Giano, de Bernard de Besse, de Barthélémy de
Pise, de Glassberger que l'auteur... de cette légende est bien
Julien de Spire (3). »

« Des témoins irrécusables, nous dit-il encore une fois,
reconnaissent Fr. Julien comme l'auteur d'une légende...
de saint François. Voici d'abord JOURDAIN DE GIANO, contemporain... une autorité des plus graves pour tout ce qui

---

(1) Summus pontifex cum cardinalibus *ediderant*, dit Bernard de Besse, et non
pas *ediderunt* comme a lu le P. Ferd. « *Voix* », juin 1899, p. 187 ; *Revue francisc.*
juin 1899, p. 254 ; *Jean Rigauld*, l.c. p. 163.

(2) Nous renvoyons toujours à notre édition de l'Office qui donnera la preuve de ce
fait. D'ailleurs chacun peut s'en convaincre en confrontant l'Office avec la Ire Vie.

(3) *Voix de S. Antoine*, Mai 1899, p. 169 ; *Revue francisc.*, mai 1899, p. 217.

concerne les origines de l'œuvre du Patriarche des Pauvres. Voici les propres paroles de ce chroniqueur (1) ».

« *Anno Domini 1227... Frater ergo Simon veniens in Teutoniam cum* FRATRE JULIANO, QUI POSTMODUM HISTORIAM BEATI FRANCISCI ET BEATI ANTONII *nobili stylo et pulchra melodia composuit* (2). » « En l'an du Seigneur 1227, le Frère Simon vint en Allemagne avec le *Frère Julien* qui dans la suite *composa* en fort beau style *l'histoire de saint François et de saint Antoine* et la célébra en outre par ses suaves mélodies (3). »

Telle est la traduction et l'interprétation que le P. Ferdinand donne à ce passage du Frère Jourdain. Mais, hélas ! et la traduction et l'interprétation sont absolument inexactes.

Frère Jourdain ne dit pas que Julien composa, en fort beau style, l'histoire de saint François et de saint Antoine et qu'à cette histoire il ajouta ses mélodies, son Office chanté. Du tout ! « *Historiam nobili stylo et pulchra-melodia composuit* » veut dire qu'il composa une « historia » et que *cette* « historia », il la mit en musique. C'est clair comme le soleil. Or, il ne mit pas en musique toute une légende, mais l'Office rimé seul. Par conséquent ce qu'il composa ce fut l'Office rimé et chanté de saint François et de saint Antoine, et non pas une Légende : ce passage n'en fait pas la moindre mention, et si le P. Ferdinand avait bien voulu jeter un coup d'œil dans Sbaralea (4), il aurait pu s'en persuader.

De fait, nous défions le R. P. de nous prouver, qu'une seule fois dans tout le moyen-âge, le mot « *historia* » ait été synonyme de : légende, vie ou histoire d'un Saint ; l'«*Historia*» d'un Saint c'est juste l'opposé de sa « vie ou légende », ni plus ni moins.

On n'a qu'à ouvrir un glossaire quelconque pour se convaincre que le mot « *historia* » était le terme technique pour désigner les parties chantées de la messe et de l'Office.

On appelait surtout de ce nom les *répons* des Matines. Du

---

(1) *P. Ferdinand, Voix de S. Antoine*, l. c. p. 187 ; *Revue franc.* l. c. p. 254, *la Vie de S. Antoine*, par J. Rigauld, p. 163.

(2) *Jordanus a Iano*. Chronica n° 51. 53 (ed. Analecta Franciscana, T. I, p. 16).

(3) *P. Ferdinand*, l. c.

(4) *Sbaralea*, Supplementum ad Script. O. Min. Romæ 1806, p. 477.

Cange cite quantité de textes (1) qui le prouvent. De même, nous lisons dans Quétif-Echard : « Novem RESPONSORIA *matutinarum post lectiones... communiter in rubricis* DICUNTUR HISTORIA (2). »

Puis on employait aussi le terme « historia » pour désigner les *antiennes*. Vers la fin du XIe siècle, Bernold de Constance (3) écrit dans son *Micrologus* : « Antiphonarius (liber) hoc innuere videtur, qui *historiam* « Canite tuba » (1re antienne des laudes), proximam Dominicam ante nativitatem vocat, et hanc, id est « Clama », infra hebdomadem eiusdem Dominicæ, *canendam* subsequenter innuit singulis feriis singulas matutinales laudes attribuens (4) ».

A la veille du jour où le Frère Julien composa son ouvrage, on appellait donc *historia* les *répons* et les *antiennes*, c'est-à-dire tout ce qu'on chantait dans le *cursus* ou office divin et qui, par conséquent se trouvait dans le livre antiphonaire.

Les « historiæ » s'opposaient aux légendes aussi bien que le « lectionarium » à l'antiphonaire.

On ne changea rien à la signification de ce mot, à l'âge d'or des Offices rimés, c'est-à-dire depuis le XIIIe jusqu'au XVIe siècle.

En parlant de ces offices, le R. P. Dreves, S. I. l'auteur classique pour tout ce qui concerne la poésie liturgique du moyen-âge y insiste beaucoup.

« Le mot « *historia* » dit-il, est un synonyme de l'Office rhythmé et rimé du jour, à l'exclusion des Psaumes et des Leçons. Ce terme, on le trouve dans mille rubriques diverses, par ex : *Istam historiam compilavit magister N. ; hodie imponatur historia de sancto N. : incipit nova historia de Sancta N...* Ces expressions ne signifient pas une « Vita » ou « Legenda », ni les leçons récitatives du nocturne » (5). La vie du

---

(1) Ducange-Carpenterius, Glossarium mediæ et infimæ latinitatis, t. III. Paris, 1884, p. 672.

(2) *Quétif-Echard*. Scriptores O. Praed. (Lutetiæ, Paris. 1719) t. I, p. 340 col. 2.

(3) Sur l'auteur du Micrologus cf. Revue Bénédictine, 1851, mai et sep. ; Kirchenlexicon, 2me éd. (Freiburg, Herder) t. VIII, 1504 s.

(4) Micrologus de ecclesiasticis observationibus, cap. 32, ed. *Migne*, (PP. lat. T. 151.) col. 1004.

(5) *P. Guido Maria Dreves, S. J.*, Analecta hymnica medii aevi, t. V. Historiae rhythmicae (Leipzig, Reisland 1889), p. 6.

Saint s'appelait : *vita, acta, legenda, gesta et miracula, passio*, jamais « *historia* ». Et ce mot s'employait non seulement pour désigner les offices des Saints, mais aussi pour ceux des mystères, ainsi l'on disait : « *Historia de sanctissima trinitate* »; « *historia nova de corpore Christi.* » Qui voudrait nous donner une Vie, une Légende, une Biographie de ces mystères !...

Tel est le point capital, où le R. P. Ferdinand s'est fourvoyé, jusqu'à mal comprendre non seulement Frère Jourdain, l'auteur par excellence, mais aussi les témoins postérieurs, qui dépendent de lui.

Et tous dépendent de lui, soit dans leurs emprunts immédiats, soit dans le fait, que leur autorité est nulle, dès qu'elle se met en opposition avec les données positives de ce chroniqueur.

Nous sommes parfaitement d'accord avec le P. Ferdinand, quand il affirme que cet historien est « une autorité des plus graves pour tout ce qui concerne les origines de l'œuvre du Patriarche des Pauvres ». Frère Jourdain a vécu avec saint François ; il a assisté personnellement aux débuts de l'Ordre séraphique ; et de tous les témoins, c'est le seul qui ait vu de ses propres yeux ce qu'il raconte du Frère Julien. Bien plus : Jourdain a passé sa vie franciscaine depuis 1221 à 1262 du moins (1), en Allemagne, où il est mort; il se fit pour ainsi dire Teutonique et fut le chroniqueur officiel (2) de la Teutonie : donc le témoignage qu'il donne du Frère Julien le « Teutonique » est irréfragable ; nous ne pouvons rien dénier au Frère Julien de ce que Jourdain lui attribue, ni lui attribuer rien de ce que Jourdain lui dénie. Or, disons-le bien, Jourdain ne lui attribue point de légende de saint François ou de saint Antoine ; il exclut plutôt de son témoignage toute légende en disant : « *Frater Julianus... historiam beati Francisci et beati Antonii nobili stylo et pulchra melodia composuit* ». Donc

(1) Fr. Iordanus, Chronica, l. c. p. 1 sq. Prologus ; p. 7 sq. n. 18.

(2) Sur l'intimation du Chapitre provincial (« vos me coegistis ») il dicta sa chronique, courbé sous le poids de l'âge et des infirmités (« iam senex et debilis ») à Frère Baldawin, après le dimanche *Jubilate* (30 avril) 1262, à Halberstadt. Voir sa Chron. l. c. p. 1 suiv.

Frère Julien n'a écrit aucune légende de saint François ni
de saint Antoine ; il a composé, dans les Offices liturgiques
des deux Saints, cette partie qu'on appelait alors « *historia* »
et l'a mise en musique pour être chantée ; rien de plus.

*
* *

« Quelques années plus tard, continue le R. P. Ferdinand,
vers la fin du treizième siècle, le secrétaire de saint Bonaventure, Bernard de Besse, nous donne des renseignements
plus circonstanciés encore. Dans le prologue de son opus-
cule intitulé : *Liber de laudibus beati Francisci*, il fait l'énu-
mération de plusieurs biographes antérieurs. Ce qu'il dit de
Frère Julien mérite une souveraine attention (1). »

« Plenam virtutibus beati Francisci vitam scripsit in Italia
exquisitae vir eloquentiae frater Thomasus iubente domino
Gregorio papa nono, et cam quae incipit « Quasi stella matu-
tina » vir venerabilis, dominus, ut fertur, Johannes aposto-
licæ sedis notarius. In Francia vero frater Julianus, scientia
et sanctitate conspicuus, qui etiam nocturnale sancti officium
in littera et cantu posuit, praeter hymnos et aliquantas antiphonas ac responsoria, quæ summus ipse pontifiex et aliqui
de cardinalibus in sancti præconium ediderant (2). »

Avant d'examiner ce texte, nous croyons utile de faire
quelques remarques préliminaires.

La Vie anonyme, que Bernard de Besse, au jugement du
P. F., attribuerait ici à Frère Julien, est, — nous le savons,
— un « résumé servile » de la 1re Vie de Celano. Or, Celano,
dans la 3me partie de cette Vie, donne d'abord un aperçu général des miracles opérés surtout en France par saint Fran-

---

(1) R. P. Ferdinand : *Voix de Saint Antoine*, l. c. p. 187 ; *Revue fr.* l. c. p. 254 ;
J. Rigauld, l. c. p. 163. Nous citons le texte de Bernard de Besse d'après les éditions authentiques. Le texte, tel que le transcrit le P. Ferdinand est corrompu.
Le R. P. ne se contente pas de changer la ponctuation, en copiant ces quelques
lignes, il fait juste une demi-douzaine de fautes. Voir Bessa, *Liber de laudibus B.
Francisci*, éd. P. Hilarinus a Lucerna (Romae 1897), p. 2 ; ed. *Analecta franciscana*,
t. III, p. 666, et les passages du P. Ferdinand ci-dessus indiqués. Voilà, sans
doute « de minutieux travaux et une étude attentive des textes ! » (Voir P. Ferd. l.
c. p. 167).

(2) Bessa, *Liber de laudibus*, l. c.

çois, puis il en raconte quelques-uns plus longuement (1).
L'auteur de la vie anonyme se réservant les détails pour un
traité particulier, termine sa légende en donnant d'après
la 1re Vie (2), l'aperçu général seulement.

Mais chose curieuse, tandis que partout ailleurs, la « Vie
anonyme » résume Célano (3), elle laisse complètement de
côté le passage très intéressant relatif aux miracles de saint
François en France.

Voici ce passage tiré de la première Vie (4).

« Qui pourrait dire la grandeur et le nombre des miracles
que dans toutes les nations Dieu daigne opérer par lui? Et
pour ne parler que de la France, quelles merveilles François
n'y opère-t-il pas? On a vu le Roi de France, la Reine et
toute la noblesse accourir pour vénérer dans le plus profond
respect et couvrir de leurs baisers le coussin sur lequel
saint François mourant avait reposé sa tête.

On a vu les sages du monde, les hommes de science les
plus distingués, que Paris forme à son école et déverse par
légions sur toute la terre, on les a vus venir dans les senti-
ments d'une humilité et d'une dévotion profondes offrir leur
respect, leur admiration, leur amour à cet homme, qui
n'était à ses propres yeux qu'un ignorant, mais en réalité,
un ami de la vraie simplicité et de la plus parfaite sincérité.
Ah! vraiment, c'était bien un « Français », car plus que tout
autre, il avait en partage la noblesse de cœur et la bra-
voure des Francs. »

Le tableau est superbe! On dirait que le peintre est Français, que des liens bien forts le rattachent à la cour de
saint Louis et qu'il a vu de ses propres yeux ces scènes

____

(1) Ed. Rinaldi, p. 108 sqq. ; éd. Amoni, p. 246 sqq.

(2) Celano, *Vita* I, op. 3, ed. Rinaldi (Romae, 1806), p. 102 sq. ; ed. Amoni
(Assisii, Sensi, 1879), p. 232 sq.

(3) *Acta S. S.* I. c., p. 683, n° 727.

(4) « Quis enumerare sufficiat quanta, quis dicere valeat qualia per eum ubique
Deus dignatur miracula operari? Quanta nempe in sola Francia Franciscus mi-
rabilia patrat? ubi ad deosculandum, et adorandum capitale, quo sanctus Franciscus in infirmitate fuerat usus, Francorum rex, et regina, et universi magna-
tes occurunt. Ibi etiam sapientes orbis et litteratissimi viri, quorum copiam super
omnem terram Parisius maximam ex more producit, Franciscum virum idiotam
et verae simplicitatis, totiusque sinceritatis amicum humiliter et devotissime ve-
nerantur, admirantur, et colunt, et vere Franciscus, qui super omnes cor fran-
cum, et nobile gessit. » Cel. *Vita*, I, ed. Rinaldi, p. 102 : ed. Amoni, p. 232.

émouvantes ! Mais non, c'est en Italie et par un Italien que ces paroles sont écrites : « Scripsit in Italia Frater Thomas. » Et Frère Julien, qui écrit en France : « In Francia vero frater Julianus », qui vécut et mourut à Paris (1), dans la maison construite par saint Louis pour les Frères Mineurs, Julien qui fut maître de chapelle, premier directeur de musique à la cour du roi de France et redevable à cette cour de mille bienfaits, Julien sous les yeux duquel se passait tout ce que Celano mentionne dans le passage précité, serait l'auteur de la « Vie anonyme » qui copie partout et en tout Celano, excepté ce brillant passage qui est pour la France le monument franciscain le plus beau, le plus cher, le plus authentique que nous ayons (2)! Impossible, et si Bernard de Besse attribue vraiment à frère Julien une légende de saint François, ou il se trompe ou cette légende n'est pas la « Vie anonyme » en question.

Que Julien ait écrit une autre vie de saint François, ce n'est pas possible, car les auteurs de toutes les autres légendes sont connus.

Si donc, vraiment, Bernard de Bresse lui attribue la « Vie anonyme », il faut qu'il ait été mal renseigné.

Car — et nous insistons beaucoup là-dessus — dans ce cas il se met en contradiction avec des témoins oculaires dont l'autorité, dans la question qui nous préoccupe, est de beaucoup supérieure à la sienne.

Nous avons déjà vu que Frère Jourdain de Giano exclut Julien des biographes de saint François. Devant cet auteur contemporain, classique, tout témoignage postérieur et de seconde main, tel que celui de B. de Besse perd sa valeur.

Ce n'est pas tout. Nous avons un autre historien contemporain des faits que nous relatons : FRÈRE ANGE DE CLARINO.

---

(1) Pour ces renseignements nous renvoyons à notre édition de l'Office de saint François où nous donnerons la biographie du Frère Julien.

(2) On pourrait nous représenter que l'auteur de la « Légende anonyme » nous ayant promis un traité spécial sur les miracles de saint François, c'est pour cette raison que dans la légende elle-même, il ne parle pas des miracles opérés en France. — Nous répondons que Célano aussi n'a pas seulement promis, mais *écrit deux traités* spéciaux sur les miracles de saint François, l'un dans la 3e partie de la 1re Vie, l'autre à part, et en donnant, à l'endroit indiqué, l'aperçu général de ces miracles, il ne laisse pas d'accentuer plus particulièrement les miracles de France. La « Légende anonyme » ne supprime que la mention de ces miracles opérés en France, pour le reste, elle résume l'aperçu général de Célano.

Que ce vénérable vieillard ait écrit après B. de Besse, c'est
une circonstance qui ne diminue pas la valeur de son témoignage, nous dirions même qu'elle lui donne une plus
grande portée, car malgré le « Liber de laudibus » la tradition franciscaine ne connut point de légende émanée de
Frère Julien. Or Frère Ange représente ici la tradition franciscaine la plus ancienne et la plus pure. Nous constatons
d'après ses ouvrages qu'il vécut avec Frère Léon, Frère
Ange Tancredi, Frère Egide et d'autres compagnons de
saint François (1) ; il fit des études très sérieuses sur l'origine
de l'histoire franciscaine. Bien plus, il nous donne *ex-professo*
le catalogue complet des biographes de saint François et
nous y chercherions vainement le nom de Frère Julien.

Voici ce catalogue trop peu connu, comme d'ailleurs tout
son ouvrage :

« Vitam pauperis et humilis viri Dei Francisci trium ordinum fundatoris *quatuor solemnes personae scripserunt, fratres videlicet scientia et sanctitate praeclari, Johannes et
Thomas de Celano* (2) *frater Bonaventura* unus post Beatum
Franciscum Generalis Minister, et vir mirae simplicitatis et
sanctitatis, *frater Leo* (3), ejusdem sancti Francisci so-
cius (4). »

C'est évident, les anciens ne savent rien d'un Frère Julien
légendaire, et si B. de Besse lui attribue une légende de
saint François, la critique historique ne peut pas souscrire à
son témoignage.

Nous pouvons d'ailleurs admettre chez B. de Besse une
petite *inexactitude, sans lui faire la moindre injustice,* car il

---

(1) Il nous le répète bien souvent dans son « historia tribulationum » son « epistula excusatoria » et ses lettres ; par ex : « socii fundatoris fratres Egidius et
Angelus et alii, qui supererant me audiente referebant. » Fr. Angelus Clarinus
Historia septem tribul., ed. Döllinger., *Beiträge zur Sektengeschichte des Mit-
telalters*, II, Theil (München, Beck, 1890), p. 466. cf. p. 425, 461. *Epistula excusatoria*, ed. P. Ehrle S. I., *Archiv*. I. Bd. (Berlin. Weidmann, 1885), p. 532. *Die-
Briefsammlung des Fr. Angelus de Clarino*, ed. Ehrle, l. c. p. 566. Voir aussi *Archiv* II Bd. (Berlin 1886), p. 110 ss.

(2) 1re et 2e (ancienne) *Vie et miracles de saint François.*

(3) *Légende des 3 compagnons* et peut-être encore une autre *Vie*, à en juger d'après
bien des citations extraites de Frère Léon par Frère Ange (voir par ex. : *Historia
tribulationum*. ed. Döllinger l. c. p. 445).

(4) *Historia tribulationum*. l. c. p. 417.

désire lui-même qu'on ne jure pas sur son autorité et avoue qu'il peut fort bien se tromper.

En parlant de la légende « Quasi stella », il hésite à se prononcer sur son auteur « ut fertur Joannes, apostolicae sedis notarius : » *à ce qu'on dit*, ce serait Jean, le notaire apostolique (1). B. de Besse n'était donc pas très bien renseigné sur l'origine des premières légendes de saint François.

Aussi nous comprenons facilement, que, vers la fin du XIIIᵉ siècle, à part la première vie de Celano, il n'avait plus et ne pouvait plus avoir à ce sujet des renseignements bien certains ; car, la légende « Quasi stella » et la « Vie Anonyme », ayant été abrogées depuis longtemps, on ne s'en souciait plus guère, et il est à supposer que le souvenir en était presque entièrement oblitéré.

Néanmoins nous avons de la peine à supposer chez B. de Besse cette inadvertance, et pour le disculper, voyons s'il n'y a pas moyen d'entendre ses paroles autrement que dans le sens du Père Ferdinand ?

Celui-ci traduit le passage de B. de Besse de la manière suivante : « La vie de saint François fut écrite en Italie par le Frère Thomas... en France par le Frère Julien, religieux célèbre par sa science et sa sainteté. Ce dernier composa aussi le texte et le chant de l'office de nuit du saint, à l'exception des hymnes et de quelques antiennes, etc. (2) »

Sans doute cette traduction serait valable si elle répondait au texte ; mais nous ne croyons pas qu'elle rende l'idée de l'auteur primitif. Une simple remarque pour appuyer notre sentiment.

Le R. P. Ferdinand, pour obtenir le résultat désiré, n'a pas tenu compte du *point* qui, dans les manuscrits se trouve entre la première phrase où Bernard de Besse parle des deux biographes italiens, Thomas et Jean, et la seconde qui parle du liturgiste français Julien.

Grâce à cet oubli ou inadvertance Julien se trouve mis au nombre des biographes ; les deux phrases sont soudées et le

(1) Voir le texte de B. de Besse cité ci-dessus.

(2) *Voix de saint Antoine*, l. c., p. 187. *Revue francisce*. l. c., p. 254 ; Rigauld, l. c., p. 164.

point est reporté au milieu de la seconde, alors qu'aucun manuscrit ne le met en cet endroit. Par cette séparation nouvelle, le biographe se trouve doublé d'un liturgiste.

Mais cette exégèse est-elle scientifique et véridique ? Allons plus loin, car ce sont surtout les conclusions que nous voulons mettre au point.

Comme c'est la clarté même de la phrase de B. de Besse qui se trouve en question, il s'agit de savoir si elle peut se traduire ainsi : à Thomas et Jean il faut ajouter, comme légendaire, frère Julien, qui composa aussi l'Office de saint François, — ou bien : — à Thomas et Jean il faut ajouter Julien, qui mérite un nom parmi les biographes, *en ce qu'il* ajouta aux légendes de saint François l'Office rimé et chanté qu'il composa lui-même.

Nous avouons qu'à première vue les paroles de B. de Besse semblent devoir être interprétées dans le premier sens.

Nous avons cru même devoir les entendre ainsi dans notre édition du « Liber de laudibus B. Francisci, (1) mais aujourd'hui, pressé par la force des arguments contraires, nous modifions notre première opinion.

Aucun des historiens du XIVe et XVe siècle, comme nous le verrons plus tard, ne nous donne un commentaire du texte de B. de Besse. Le premier auteur qui le paraphrase nous paraît être frère Rodulphius, dont les « Historiarum seraph. religionis libri tres » sont datés de 1586. Il se sert des ouvrages de B. de Besse (2) ; il nous donne spécialement l'*Incipit* du prologue « Plenam virtutibus B. Francisci (3) » qui contient son récit sur Frère Thomas, Frère Jean de Ceprano, et Frère Julien. Au sujet de ce dernier, voici ce qu'il dit : « B. Julianus *composuit vitam* B. Patris Francisci, et B. Antonii et *quo ad cantum et quo ad antiphonas versus et responsaria*, quibusdam antiphonis exceptis etc (4). »

(1) Romae Typogr. Editrice industriale, 1897, p. 3.

(2) *Historiarum seraphicae religionis libri tres a Fr. Petro Rodulphio Tossinianensi. Con. Fran.* (Venetiis 1586) : index auctorum.

(3) l. c. fol. 311^r.

(4) L. c. fol. 118^v. Pas de doute que Rodulphius ne s'appuie non seulement sur de Besse mais encore et surtout sur Barthélémy de Pise (Conform. l. I. fr. VIII, pars II, ed. Mediol. 1510, fol. 75^v et fr. XI, pars II, fol. 126^r. Voir aussi les textes plus bas, table synoptique). Il est surtout remarquable qu'il n'attribue à Frère Julien d'autre vie qu'une « Vie historiée ».

« B. Julien composa la vie de saint François et de saint Antoine. » Laquelle donc ? mais la vie historiée, l'Office rimé qu'on chante et qui dans ses antiennes, versets et répons n'est qu'une vie versifiée de saint François et de saint Antoine. Voilà dans quel sens Frère Julien est biographe ! Nous ne savons pas si Frère Rodulphius a eu sous les yeux le même texte de B. de Besse que nous, ou s'il se servit d'un meilleur manuscrit. En tout cas, le seul manuscrit, qui de nos jours contienne le prologue du « Liber de Laudibus », c'est le cod. I. VI, 33, de Turin, qui fourmille de fautes et donne une version bien souvent abrégée (1). Il est donc possible qu'il y ait une correction de texte à apporter dans le sens de Frère Rodulphius. Mais prenons le texte tel qu'il nous est conservé.

Selon le R. P. Ferdinand, nous devrions attribuer à Frère Julien, d'abord une légende distincte de l'Officium nocturnale c'est-à-dire des Matines, et ensuite, ces Matines elles-mêmes ! « Frater Julianus S. Francisci vitam scripsit... nocturnale Sancti Officium composuit ; » mais alors, nous voici en présence de la même difficulté : si Julien a composé une Légende, distincte de l'Office de nuit, cette Légende ne saurait être la « Vie anonyme » puisque celle-ci se lisait au chœur et faisait partie de l'Office de nuit. Il est donc évident que Frère Julien n'a pas composé de légende indépendante de l'office liturgique.

Mais nous affirmons encore qu'il n'a jamais composé de Légende destinée à l'Office ; car son travail se borne aux parties poétiques et musicales. A l'instar du Frère Jourdain, Bernard de Besse nous dit expressément, que ce que Julien a écrit, il l'a aussi mis en musique : « nocturnale Sancti officium in littera et cantu posuit. »

Une autre raison vient confirmer cette manière d'entendre notre texte. Bernard de Besse ne vise à donner dans ce passage ni un catalogue complet ni même un simple catalogue des légendes de S. François. Autrement, il aurait dû laisser de côté la liturgie du S. Patriarche et ajouter par contre la légende des Trois compagnons écrite par Frère Léon, le se-

____

(1) Nous avons déjà insisté sur ce point dans notre édition du *Liber de laudibus* (Romae, 1897), p. XII.

crétaire de S. François, ainsi que la « Legenda antiqua » et le « Traité des miracles de S. François » par Celano (1) sans compter les autres travaux plus ou moins biographiques sur le grand saint d'Assise tels que la lettre encyclique de Frère Elie à l'occasion de la mort de S. François (2) écrite en 1226 ; la « Vie métrique (3) » dédiée à Grégoire IX, (1227-41) ; enfin le « Dialogus sanctorum Fratrum » par Frère Crescentius de Jesi (4) général de l'ordre 1244-47.

De tous ces ouvrages, aucune mention dans B. de Besse, preuve que cet auteur n'a pas l'intention d'énumérer les biographes de saint François et encore moins d'en fournir une nomenclature complète. Il n'a voulu mentionner que les ouvrages alors en vogue et dont la haute portée historique avait acquis l'estime de ses lecteurs.

Partant de ce point de vue, il ne pouvait point, il ne devait point parler de la « Vie anonyme ».

Celle-ci ne jouissait plus alors d'aucune estime et loin d'être en vogue, elle était interdite par le chapitre général de 1266, tandis que l'office de frère Julien était le chef-d'œuvre liturgique le plus éminent du XIIIe siècle, soit pour la poésie soit pour le plain-chant.

Quant au mérite historique, la « Vie anonyme » est nulle ; elle ne nous donne pas un seul fait (5) qui ne soit extrait de

---

(1) Bernard de Besse ne parle que de la première *Vie de Celano* écrite « par ordre du pape Grégoire IX. » (Bessa l. c. p. 2). La *Legenda antiqua* fut composée par ordonnance du Frère Crescentius (Salimb. Chronica Parm. Romae, 1857. p. 60), 1244-47 ; *le Traité des miracles sur l'ordre du Frère Jean de Parme*. (Chron. XXIV General., ed. Anal. franc. t. III, p. 276 ; Analecta Bollandiana : t. XVIII, 1899 fasc. 1, p. 82), 1247-1257.

(2) Littera encyclica Fratris Eliae « *de obitu S. Francisci* ». Pour les différentes éditions voir la Bibliographia hagiographica latina des PP. Bollandistes t. I, fasc. ii (Bruxelles, 1899), p. 463 sq., n° 1.

(3) Christofani, *Il più antico poema della vita di S. Francesco d'Assisi* (Prato, 1882), p. 2-286 ; cf. P. Edouard d'Alençon, *nella Miscellanea franc.*, t. IV, 1889, p. 34 sq. t. V, 1890, p. 73-76, 123-26, t. VI, 1895, p. 26-31. *Novati* chercha sans y réussir à attribuer cette Vie métrique à Frère Julien de Spire. V. *Novati* T. Archivio storico per le Marche e per l'Umbria (Foligno 1884), vol. I, p. 101-108 ; cf. *Baldassare Labanca*, Sguardo agli scrittori italiani di S. Francesco d'Assisi del secolo XIX, nella Miscell. franc., t. VI, p. 176.

(4) Cf. Chron. XXIV Generalium, ed. Anal. francisc., t. III, p. 263.

(5) Excepté le passage où il fixe à onze le nombre des résurrections opérées par saint François ; mais il révoque en doute son propre témoignage. Voici ses paroles : « ... Mortuos suscitavit quorum, etsi de pluribus non simus incerti, numerum tamen ad praesens certum non ponimus, nisi quod undecim esse a viris

Celano. Et si la Légende des Trois Compagnons, la Legenda antiqua de Celano, avec son « traité des miracles de saint François » (les miracles jouent pourtant toujours un rôle des plus importants dans les légendes du moyen-âge) ne suscitent pas l'attention de Bernard de Besse, à plus forte raison la « Vie anonyme ».

Enfin bref. Le texte de B. de Besse lui-même nous donne la certitude absolue que cet auteur n'attribue point à Julien la « Vie anonyme ».

Nous avons prouvé dans notre premier article, qu'il y a, dans cette Légende, des passages d'origine poétique, qui existaient avant elle et même avant l'Office de saint François. La chose est surtout évidente pour les 1er et 2e répons du IIIe nocturne (1). Frère Julien n'en est pas l'auteur, puisque ces répons appartiennent aux morceaux de poésie, que le pape Grégoire IX, et quelques cardinaux avaient publiés en l'honneur du saint Patriarche des pauvres, probablement pour sa canonisation (2). Julien leur assigna les places d'honneur (Antiennes du Magnificat et du Benedictus, répons après l'homélie) et composa lui-même les autres parties de l'Office. Puis, un auteur inconnu se servit des deux pièces liturgiques officielles, c'est-à-dire de la 1re Vie de Celano et de l'Office pour en résumer une légende de chœur.

Que Julien ait résumé Celano et recueilli ces poésies déjà existantes pour les amalgamer en une légende nouvelle et qu'ensuite il ait fait naître de cette compilation l'Office magnifique que nous admirons, c'est une hypothèse sans proba-

---

fide dignis accepimus (*Acta S. S.* 1. c. p. 626, n. 421). De fait, Thomas de Celano (*Liber miraculorum*, ed. Ortroy, Anal. Bolland. t. xviii, p. 130-134), et saint Bonaventure (*Leg. sancti Francisci*, *Miracula* § 2, Opp. omnia, t. viii. [Quaracchi 1898], p. 551-553) n'en reconnaissent que huit.

(1) Le passage suivant : « Vere duplex in ipso prophetarum spiritus requievit » etc. (*Acta S. S.* 1. c. p. 595, n. 266) de la Lég. anonyme est aussi tiré d'une antienne (Magnif. 1. Vêpres), qui n'est pas de Frère Julien.

(2) Thomas de Celano en décrivant cette solennité semble parler des hymnes etc., indiquées par B. de Besse : « ... cœperunt reveren. Cardinalis cum d. Papa *Te Deum laudamus* alta voce cantare. Attolitur proinde clamor populorum multorum laudantium Deum, et immensas resonat terra voces, repletur jubilationibus aer, et tellus lacrimis madidatur, *cantantur cantica nova, et in melodia spiritus jubilant servi Dei*, audiuntur ibi organa melliflua, et carmina spiritualia modulatis vocibus decantantur... » *Vita* 1, op. 3, ed. Rinaldi (Romae, 1806), p. 107 : ed. Amoni (Assisii, 1879), p. 244. Cf. Papini, *Notizie sicure*, 2ª éd. (Foligno, 1824), p. 46, et sq.

bilité. Nous l'avous prouvé, et nous nous bornerons à faire ressortir que c'est Bernard de Besse, en personne qui nous a permis d'établir l'inanité d'une telle hypothèse. Notre conviction a pour fondement ce fait : Julien n'a pas composé les hymnes, antiennes et répons mentionnés, et ces pièces poétiques existaient avant son œuvre. Or, ce renseignement, nous le devons à Bernard de Besse, par conséquent, celui-ci n'attribue pas au Teutonique, la « Légende anonyme ».

Les anciens historiens n'ont jamais donné au passage de B. de Besse une interprétation différente. Ceux qui, aux yeux du P. Ferdinand, suivent Bernard de Besse seraient Barthélémy de Pise, une Chronique anonyme du XVᵉ — XVIᵉ siècle, Paulin de Pouzzolles, et enfin Glassberger.

Malheureusement, aucun de ces auteurs n'a connu l'ouvrage en question.

Barthélemy de Pise l'auteur du « Liber Conformitatum » a connu un écrit de Bernard de Besse ; mais le « Liber de laudibus B. Francisci » contenant notre passage lui était étranger (1).

Paulin de Pouzolles et la Chronique anonyme ne font que copier le texte de Frère Jourdain comme nous le verrons tout à l'heure.

Enfin Glassberger n'a jamais vu le « Liber de laudibus », autrement il n'aurait pas osé écrire que B. de Besse donne un résumé de la « Légende ancienne de Celano (!) et qu'après (!) lui saint Bonaventure s'est servi du même ouvrage de Celano pour créer un résumé encore plus restreint (!) et plus élégant (2). »

De tous les auteurs qui parlent de Julien à partir du XIVᵉ siècle un seul, croyons-nous, s'est peut-être servi du « Liber de laudibus ».

Et cet auteur paraît inconnu au P. Ferdinand, à en juger

(1) Voici ce que *Barthélemy* écrit de Bernard de Besse, qu'il appelle Jean de Blese : « De ista siquidem provincia aquitanie fuit frater Joannes de Blesa : qui de triplici ordine beati Francisci tres tractatus edidit, et si solum de primo ordine, s. minorum parvum viderim tractatum. » Liber Conf. l. I, fructus XI, 2, ed. Mediol. 1510, fol. 126ʳ. C'est le seul ouvrage de B. de Besse qu'il connaisse.

(2) « Quam legendam (antiquam) postea frater Bernardus de Bessa ad compendiosiorem formam reduxit. . et demum (!) sanctus Bonaventura breviori et elegantiori stilo compegit (!) » *Glassberger Chronica*, ed. Anal. fr. t. II, p. 69.

du moins par son silence, nous voulons dire la Chronique
des XXIV Généraux.

Quoique cette Chronique ne prononce jamais le nom de
B. de Besse, elle le connaît pourtant assez bien. Elle copie
sa « Vie du B. Christophe » et en grande partie son « Catalogue des Ministres Généraux », aujouté au « Liber de
laudibus » ; qu'elle se soit par ailleurs inspirée aussi de ce
dernier ouvrage, nous n'en avons pas la preuve évidente.
En tout cas, elle n'aperçoit dans B. de Besse aucune trace
d'une légende émanée de Frère Julien (1). Tout ce qu'elle y
voit c'est un témoignage rendu par Frère Jourdain au vir-
tuose séraphique. Nous reproduirons les paroles de ce chroniqueur après avoir relevé tout d'abord un fait d'une haute
importance.

* *

L'auteur de la « nouvelle découverte », donne la même
valeur historique aux écrivains qui ont paru du XIII° au
XVI° siècle. C'est aller à l'encontre des règles de la critique
historique.

Les auteurs qui, depuis le commencement du XIV° siècle,
ont écrit sur les origines franciscaines, ne nous fournissent
pas des documents critiques, s'ils ne remontent aux sources
qui jaillissent du XIII° siècle.

Or, dans la question de Frère Julien, ce siècle ne connaît
que deux sources : *Frère Jourdain de Giano et Frère Bernard de Besse.* Le seul historien postérieur qui ait pu inter-
préter B. de Besse (Chronique des XXIV Généraux) ne con-
sidère pas Julien comme légendaire, et suit en cela Frère
Jourdain.

Si nous considérons la question *de droit*, tous les auteurs,
depuis le XIII° siècle, dépendent de Frère Jourdain pour les
données relatives à Frère Julien. *Ils ne peuvent attribuer à ce
dernier, que ce que lui attribue Jourdain, c'est-à-dire l'office
rimé et chanté de saint François et de saint Antoine. Ou bien
s'ils lui attribuent d'autres écrits c'est-à-dire des légendes, ils
le font de leur propre chef et ne méritent en conséquence aucune foi historique.*

(1) *Chron. XXIV Generalium.* ed. Analecta francisc. t. III. p. 381.

Qu'on ne nous dise pas : il se peut qu'ils s'appuyent sur d'autres ouvrages perdus de l'antiquité franciscaine, ou sur une vieille tradition de l'Ordre. La critique historique ne saurait prendre en considération certains ouvrages purement possibles ou certaines traditions dont elle ne peut contrôler l'authenticité. D'ailleurs, nous allons démontrer que, de fait, ces auteurs s'appuyent uniquement sur Frère Jourdain et qu'ils s'obscurcissent aussitôt qu'ils s'en écartent. Par là ils prouvent qu'en faveur de Frère Julien légendaire, il n'existait ni tradition ancienne, ni auteurs perdus ou inconnus : nous sommes par conséquent limités au Frère Jourdain, comme à la seule source critique pour les auteurs et les témoignages en question.

Afin de mieux nous rendre compte de ce fait, nous insérons ici une table synoptique dont nous donnerons l'explication et prouverons l'exactitude.

Elle contient tous les auteurs et tous les textes, qui jusqu'à la première moitié du XVIᵉ siècle se rapportent au Frère Julien. A première vue, on y reconnaîtra autant de copies du texte de Frère Jourdain, sauf de petites additions chez Frère Barthélemy de Pise et Frère Nicolas Glassberger.

Glassberger en transcrivant les paroles de Frère Jourdain ajoute : Frater Julianus « Legendam sancti Francisci quæ incipit : *ad hoc quorundam* etc. urbana elegantia dictavit et composuit ». Nous démontrerons plus bas (1) que cette addition se base sur Frère Barthélemy de Pise, qui lui-même croit devoir compléter le texte de Jourdain de Giano en lui ajoutant : « Frater Julianus theologus qui legendam beati Francisci composuit et responsoria nocturnalia ; cantumque beati Francisci quod ad hymnos et omnia ipse composuit ». Ce supplément est assez curieux, nous y reviendrons (2). En le confrontant avec le texte du Frère Bernard de Besse (3), on dirait qu'il en appelle à cet auteur. Barthélemy de Pise n'a pas lu l'ouvrage de Frère Bernard, nous le savons, mais il peut l'avoir utilisé de seconde ou troisième main.

(1) Voir p. 41.
(2) *Ibid.*
(3) Voir p. 24.

36   Fr. JULIEN DE SPIRE

A part ces deux mots de Barthélemy de Pise et de Nicolas
Glassberger tous les autres textes de notre tableau synop-
tique remontent évidemment à Frère Jourdain de Giano.
Voici ce tableau :

FRATER JORDANUS A JANO : 1262

**Frater Julianus « historiam beati Francisci et beati Antonii nobili
et pulchra melodia composuit. »**

CATALOGUS SANCTORUM FRATRUM : POST 1277.	CHRONICA ANONYMA. POST 1485.	FR. NICOLAUS GLASSBERGER : c. 1508.
« Frater Julianus theotonicus, vir mirae sanctitatis, qui fecit historias beatorum Francisci et Antonii, que cantantur in ecclesia. »	Fr. Julianus de Spira « officium B. Francisci et B. Antonii nobili stylo et pulcherrima melodia, qua usque modo utimur exornatum composuit. »	Fr. Julianus de Spira « historiam beati Francisci et beati Antonii nobili stilo et pulcra melodia, quas modo cantamus et Legendam sancti Francisci quae incipit : *ad hor quorundam* etc urbana elegantia dictavit et composuit. »

FR. PAULINUS PUTEOLANUS : c. 1343.	CHRONICA XXIV GENERALIUM : c. 1375.	FR. BARTHOLÒMÆUS PISANUS : 1385-1399.
« Frater Julianus theotonicus mirae sanctitatis, qui fecit ystorias beatorum Francisci et Antonii. »	« Vir mirae sanctitatis frater Julianus Theutonicus, qui pro majori parte fecit historias in littera et cantu sanctorum Francisci et Antonii que in ecclesia cantantur. »	« Frater Julianus Theutonicus, vir mirae sanctitatis, qui fecit historias B. Francisci et B. Antonii, et quo ad cantum et quo ad antiphonas versus et responsoria. Quibusdam antiphonis ad magnificat et responsoria : « Carnis spicam » exceptis. » « Frater Julianus theologus: qui legendam beati Francisci composuit et responsoria nocturnalia ; cantumque beati Francisci quo ad hymnos et omnia ipse composuit. »

On sera fort étonné de voir figurer sur notre table en premier lieu le « CATALOGUS SANCTORUM FRATRUM ». Ce document n'a pas été apprécié comme il le mérite par tous les historiens qui depuis Wadding jusqu'au P. Ferdinand ont écrit sur Julien de Spire, et pourtant c'est ce que nous avons de plus précieux en fait de documents postérieurs au XIIIᵉ siècle. Non seulement il surpasse par son antiquité tous les auteurs qui, à part F. Jourdain et B. de Besse, font mention de Frère Julien, mais la plupart de ces auteurs se servent du « Catalogus » comme d'une échelle pour remonter jusqu'à Fr Jourdain.

Afin de justifier ce que nous venons de dire, il est à propos de fournir quelques indications sur ce précieux monument.

On pourrait croire que le « Catalogue des Saints Frères » est du même auteur que le « Speculum Vitae » dans lequel on le trouve imprimé (1) pour la première et la dernière fois. Cependant il existe dans le ms. 131 (XVᵉ siècle) de l'Université de Lwow [Lemberg] (fol. 347ᵃ-362ᵉ), dans le mss. 196 (XIVᵉ-XVᵉ siècle) de la Bibliothèque royale de Berlin (fol. 119ᵃ-124ᵇ) et dans le ms. 4354 (XIVᵉ-XVᵉ siècle) de la Vaticane (fol. 46ᵃ-52ᵃ) (2). De plus nous l'avons découvert dans deux autres manuscrits : Cod. 23. J. 60. (Anno 1419) des RR. PP. Cordeliers à Fribourg (fol. 2ᵃ-8ᵇ) et Cod. XI. 814 XIVᵉ siècle) de l'Abbaye de Saint-Florien en Autriche. fol. 164ʳ-170ʳ).

En examinant les noms des saints (3) contenus dans ces manuscrits, il faudrait placer la rédaction finale du Catalogue avant 1345 ; l'original pourtant, auquel chaque copiste ajoutait l'un ou l'autre nom, doit remonter plus haut, car le ms. Saint-Florien en parlant du dernier saint, Fr. Etienne de Hongrie, martyrisé en 1334, dit qu'il est mort « noviter » (4), récemment.

---

(1) C'est-à-dire le Speculum de 1504 et de 1509 ; plusieurs autres éditions postérieures que nous avons collationnées, n'en disent plus un mot.

(2) Pour la description de ces trois mss. voir Sabatier, Speculum perfectionis (Paris, Fischbacher, 1898), p. CLXXVI-CXCVIII.

(3) Le Cod. XI. 148. en a environ 200 ; le Cod. 23. J. 60. environ 140, mais avec la note (fol. VIIIᵛ) qu'il a laissé de côté, près de 50 noms qui se trouvaient dans l'original.

(4) Cod. XI, 148. fol. 170ʳ.

Mais ce nom et cette date, comme d'ailleurs beaucoup d'autres choses, semblent avoir été ajoutés après la première rédaction du Catalogue. Un décret du Chapitre de Padoue, 1276 ou 1277 (1) nous l'insinue. En voici la teneur : « Iniungitur omnibus ministris ut litteram reverendi patris generalis ministri missam ministris in Capitulo Paduano que sic incipit, *Venerabilibus et in Christo dilectis,* etc, cum omni diligentia executioni studeant demandare : cuius tenor est quod inquirant de operibus beati Francisci et aliorum sanctorum fratrum aliqua memoria digna, prout in suis provinciis contigerit, eidem generali sub certis verbis et testimoniis rescribenda. (2) » Or précisément dans le Catalogue des Saints Frères « consequenter describuntur aliqui fratres in qualibet provincia qui inter alios vita et miraculis claruerunt. (3) » Donc ce Catalogue dans sa 1re rédaction n'est que l'exécution pratique du décret de 1276 ou 1277.

L'auteur du « Catalogue » n'a pas eu, de première main, la Chronique du Frère Jourdain, puisqu'il n'en donne pas d'autre détail sinon que « Frère Jourdain d'Italie (4) » est enterré à Magdebourg. Néanmoins, il nous communique une version très fidèle de ce que la Chronique de Jourdain dit du Frère Julien.

Frater Julianus theotonicus, vir mire sanctitatis, qui fecit ystorias beatorum Francisci et Antonii, que cantantur in ecclesia. (5) » « Fr. Julien, le Teutonique, homme d'une éminente sainteté, fit l'office historié des bienheureux François et Antoine, qu'on chante à l'église. » Nulle question d'une légende !

Quelque temps après, FRÈRE PAULIN, ÉVÊQUE DE POUZZOLLES, (Pozzuoli) 1324-1344, écrivit son « Historia satyrica » et c'est très probablement lui (6) qui dicta aussi le « *Provinciale*

(1) Pour la date de ce Chapitre général cf. Ehrle, Archiv. VI. p. 45-47.

(2) Little Decrees of the general chapters of the Friars Minor, in the English historical Review, 1898, vol. XIII. p. 707.

(3) C'est l'incipit du Catalogus selon le Cod. Frib. 23 J. 60.

(4) Cod. XI. 148. fol. 169^r.

(5) Cod. XI. 148. fol. 168^v.

(6) Voir P. Conradus Eubel O. M. Conv., Provinciale ordinis FF. Minorum (Quaracchi, 1892) p. 3 sq. ; Simonsfeld, Forschungen zur deutschen Geschichte XV. p. 145 s. ; P. Ehrle, S. J. Archiv VI. Bd. (Freiburg, Herder 1892) p. 28.

secundum ordinem Fratrum Minorum ». En tout cas, cette statistique géographique de tout l'Ordre franciscain fut rédigée vers 1343 (1). Les remarques sur les Saints Frères de l'Ordre, qu'elle ajoute aux noms des Provinces, Custodies et Couvents, sont tirées textuellement du « Catalogus Sanctorum Fratrum ». Ainsi nous lisons au sujet de Frère Julien : « *Frater Julianus Theotonicus, mire sanctitatis, qui fecit ystorias beatorum Francisci et Antonii* 2). »

Le P. Ferdinand traduit : « Julien l'Allemand composa l'histoire de S. François et de S. Antoine, ainsi que le chant de leur office ». Nous n'avons plus à insister sur le fait que cette traduction est très défectueuse et que chez Paulin de Pouzzolles, il n'est pas question d'une histoire ou légende de S. François ni de S. Antoine. Du reste, le P. Ferdinand connaît assez peu ce Frère Mineur. Il le fait vivre, paraît-il, au XVIᵉ siècle, puisque c'est son dernier écrivain (3) il lui a échappé enfin que le « Provinciale ; dont il est question, a été publié par les soins du R. P. Eubel.

Quarante ans plus tard, *vers 1375*, l'auteur de la CHRONIQUE DES XXIV GÉNÉRAUX reproduit presque mot à mot et à différentes reprises le « Catalogue des Saints Frères ». Arrivé à Julien, voici ce qu'il dit : « Frère Julien Theutonique, homme de haute sainteté, composa, pour la plus grande partie, la lettre et le chant de l'Office historié de S. François et de S. Antoine, qu'on chante à l'église ». « Vir mire sanctitatis frater Julianus theotonicus, qui pro maiori parte fecit historias in littera et cantu sanctorum Francisci et Antonii, que in ecclesia cantantur. (4) » Vous le voyez, ici encore, il n'est pas question de Légende !

Vers la fin du XIVᵉ siècle, entre 1385 et 1399 (5) FRÈRE BARTHÉLEMY DE PISE publia son « Livre des Conformités »,

---

(1) Voir Eubel, Provinciale, l. c. p. 3 sq.

(2) Eubel, Provinciale, p. 13. n. 8.

(3) P. Ferdin : éd. de J. Rigauld p. 165.

(4) Chron. XXIV Generalium, ed. Anal. fr. t. III, p. 381.

(5) *P. Ferdinand* prétend (éd. de J. Rigauld p. 164) que les *Conformités de Barthélemy de Pise* ont été terminées en 1385. Mais Barthélemy lui-même nous apprend qu'en 1385 il travaillait à son ouvrage et qu'en 1399 enfin il pouvait le soumettre à l'approbation. Voir Liber Conformitatum impressum Mediolani per Gotardum Ponticum anno 1510, fol. 1ʳ et 256ʳ.

une mosaïque contenant, dans un brillant tohu-bohu, de précieux documents pour l'histoire. Il est regrettable qu'il ait mélangé ces pièces authentiques à des anecdotes destituées de toute valeur. Dans la « VIIIe Conformité » il copie, avec force interpolations et falsifications, le « Catalogue des Saints Frères ». Quant à Julien, voici ce qu'il en dit : « Frère Julien Teutonique, homme de grande sainteté composa l'office historié de S. François et de S. Antoine, tant pour le chant, que pour les antiennes, les versets et les répons, excepté quelques antiennes du Magnificat et le répons *Carnis spicam* ». « Frater Julianus Theutonicus, vir mire sanctitatis, qui fecit historias b. Francisci et b. Antonii, et quo ad cantum et quo ad antiphonas versus et responsoria, quibusdam antiphonis ad Magnificat et responsorio *Carnis spicam* exceptis. (1) » La question d'une légende fait encore défaut en cet endroit, bien que le P. Ferdinand entende le mot « historia » toujours dans le sens d' « histoire », et qu'il y trouve une légende en faisant violence au texte ! Nous parlerons bientôt de l'autre passage de Barthélemy, qui paraît créer des difficultés.

Un siècle plus tard, (en tout cas après 1485) une CHRONIQUE ANONYME, puisant directement dans Fr. Jourdain nous dit : Frater Julianus de Spira « officium B. Francisci et B. Antonii nobili stylo et pulcherrima melodia, qua usque modo utimur, exornatum composuit. (2) » « Frère Julien de Spire composa en beau style et dans une musique très belle, encore en usage de nos jours, l'Office de S. François et de S. Antoine. » Ici, nous ne trouvons pas encore la trace d'une légende !

Enfin, *à l'aurore du XVIe siècle, en 1508*, l'aumônier des Clarisses à Nuremberg, Fr. NICOLAS GLASSBERGER copia presque mot à mot toute la Chronique de Frère Jourdain, et y ajouta ses propres appréciations. En rapportant le passage relatif à Julien, il y intercale une observation que le P. Ferdinand saisit pour la mettre dans les soubassements de sa thèse. Mais approchons-nous afin de considérer à loisir les détails de son édifice.

(1) Lib. Conformitatum l. I. fructus VIII. pars II. (ed. mediol. 1510) fol. 75 verso.
(2) Chronica anonyma Fratrum Minorum Germaniæ ed. dans les Analecta fr. t. I. a P. Luca Carrey, p. 288.

Voici les paroles de Glassberger : *Frater Julianus « historiam beati Francisci et beati Antonii nobili stilo et pulcra melodia, quas modo cantamus, et Legendam sancti Francisci, quæ incipit : Ad hoc quorundam etc., urbana elegantia dictavit et composuit. (1) »* Fr. Julien « a composé en style élégant et en belle musique l'office historié de S. François et de S. Antoine, que nous chantons actuellement et il dicta avec une exquise élégance la Légende de S. François qui commence par ces mots : *Ad hoc quorundam etc.* »

Cette fois enfin, nous avons la « Légende anonyme » de S. François écrite par Fr. Julien. D'après le P. Ferdinand « ce texte est absolument décisif et coupe court à toute contestation (2). » Malheureusement nous ne pouvons donner une confiance aussi large à ce « passage péremptoire (3) ». Et si nous le révoquons en doute, c'est précisément parce qu'il est trop péremptoire et complètement isolé.

Glassberger ne peut invoquer aucune source du XIII⁰ siècle ; les deux siècles suivants ne lui présentent pas d'auteurs sur lesquels il puisse s'appuyer, et ce qui augmente encore notre surprise, c'est que pas un auteur après lui n'a adopté son opinion (4).

Fr. Barthélemy seul a pu lui suggérer l'idée d'attribuer à Julien la légende : « Ad hoc quorundam etc. » En effet, la « XI⁰ Conformité », lui disait que « *Frater Julianus theologus (!) legendam beati Francisci composuit, et responsoria nocturnalia cantumque beati Francisci quo ad hymnos et omnia ipse composuit. (5) »* Fr. Glassberger a largement compulsé les « Conformités », il en appelle souvent à cette source (6) et nous ne doutons pas qu'il se serve de ces paro-

---

(1) Chron. Fr. Nic. Glassberger, ed. Annal. franc. t. II. p. 46 sq.

(2) P. Ferd. éd. de J. Rigauld. p. 174.

(3) P. Ferd. éd. de J. Rigauld, p. 173.

(4) Par ex. Fr. Marc de Lisbonne dans sa Chronique écrite en 1556, donc peu après Glassberger, nous dit : « In questo tempo (vers 1285) mancò nel convento di Parigi frate Giuliano Alemanno huomo di maravigliosa Santità il qual compose la maggior parte de gl'uffcij di San Francesco et di Sant l'Antonio da Padova, cosi le paprole come il canto, si come di presente cantano i Frati nelle Chiese loro. » Croniche de Frati Minori trad. italiana di Sig. Horatio Diola (Venetia 1606) II, p. 1. V. c. 1, p. 276.

(5) Conform. l. l. fructus XI. pars. II. l. c. fol. 126 recto.

(6) Voir sa Chronique l. c. p. 15. 28. 40. 104. 215 sq.

les de Barthélemy pour attribuer la Légende anonyme au Fr. Julien.

Barthélemy ne nous donne aucune information sur cette légende, écrite par Julien. Mais il nous laisse entrevoir qu'il veut parler d'une légende de chœur, puisqu'il attribue à Julien l'Office de S. François tout entier. Or, Glassberger trouvait dans les anciens lectionnaires de chœur la « Légende anonyme » qui ressemblait beaucoup à l'Office composé par Julien. A peine s'est-il aperçu de cette ressemblance, qu'il fait tressaillir sa plume irréfléchie et publie que « Frère Julien dicta avec une exquise élégance la Légende de S. François, qui commence : « Ad hoc quorundam ».

Quoi qu'il en soit, il est évident que ni Barthélemy ni Glassberger ne se rattachent ni ne peuvent se rattacher à une source quelconque. Glassberger ne peut s'appuyer dans son passage que sur Barthélemy de Pise. Barthélemy à son tour, dans sa XIe conformité, dont nous parlons, transcrit le « Provinciale » et le « Catalogue des Saints Frères », mais ces deux sources n'attribuent à Julien que l'Office de saint François et de saint Antoine. S'il croit pouvoir en appeler à Frère Bernard de Besse pour faire de Julien un légendaire nous savons qu'il se trompe d'adresse.

Ainsi nos deux auteurs ayant abandonné les sources auxquelles ils contredisent plutôt, ne méritent pas de foi, et nous devons appliquer à Glassberger l'observation que le P. Suysken avait déjà faite de Barthélemy : « Quæ ex vetustioribus hausit historice certa sunt ; cetera vero quorum auctores nec ipse indicat, nec aliunde novimus nonnisi dubiæ fidei esse queunt. (1) »

Ce n'est pas tout, ces deux auteurs sont encore en contradiction avec eux-mêmes et affirment des faussetés manifestes.

Dans le passage où Glassberger énumère *ex professo* les biographes de saint François, Fr. Crescentius, les 3 Compagnons, Thomas de Celano, Bernard de Besse, saint Bonaventure (2), il ne veut rien savoir d'une légende de Fr. Julien ; mais ici, où il ne parle de cette matière qu'en passant, c'est-à-dire en copiant Fr. Jourdain, il corrige le texte classique de

----

(1) Acta SS. t. II. Oct. De S. Francisco comment. praev. p. 553 n° 39.
(2) Glassberger. chron. l. c. p. 68 sq.

cet auteur en mettant Julien au nombre des biographes, et la Légende anonyme qu'il lui attribue, il la « dicta, dit-il, avec une exquise éloquence », alors qu'elle n'est qu'un résumé servile !

Passons à *Barthélemy de Pise*. Dans la « VIIIe Conformité » il affirme, conformément aux autres témoins, que Julien n'est l'auteur que des Offices des deux saints excepté quelques parties qui ne lui appartiennent pas, par ex. le répons : « Carnis spicam ». Un peu plus loin, dans la « XIe Conformité », il insiste sur le fait, que ce même Teutonique, devenu « théologien », écrivit aussi une Légende du saint Patriarche. Quant à l'Office par contre il n'en composa que le texte des répons (de tous !) et le chant tout entier.

Il faudrait être aveugle pour ne pas voir qu'il y a une erreur dans ces textes de Barthélemy et de Glassberger. Dans de telles conditions, les renseignements qu'ils nous ont transmis sont destitués de toute valeur historique. Mais il serait intéressant de savoir par quel singulier raisonnement ils se sont mis dans la nécessité d'attribuer la Légende anonyme au Frère Julien.

Ces dernières réflexions de notre étude critique nous démontreront d'une manière plus évidente encore, que Barthélemy et Glassberger ne sont pas qualifiés du tout pour porter sur les premiers biographes de saint François, un jugement décisif.

Il ne faut pas, dans le sujet qui nous préoccupe, s'exagérer la somme des connaissances acquises chez les deux personnages que nous venons de citer, et en général chez tous les historiens qui ont gravi la scène depuis le soir du moyen-âge jusqu'aux dernières années du siècle écoulé. *Pour ce qui regarde l'histoire de saint François et les origines de l'Ordre séraphique*, ils n'étaient pas mieux renseignés que nous ; au contraire, dans les questions les plus importantes nous avons aujourd'hui des idées beaucoup plus justes. Comment donc ? Parce qu'une grande partie des sources franciscaines du XIIIe siècle leur étaient inconnues ou inaccessibles. Il était réservé à notre siècle de combler cette lacune par ses travaux critiques et la publication des textes primitifs.

Un examen comparé de Glassberger et Barthélemy nous donne la preuve convaincante de ce que nous venons d'avancer. Le premier nous exhibe une liste des biographes de saint François. Après avoir mentionné la « Légende anonyme (1) », il dresse le catalogue suivant : d'abord Fr. Crescentius publia le dialogue avec l'incipit : « Venerabilium gesta patrum » ; viennent ensuite la Légende des 3 Compagnons, et d'autres documents nombreux sur saint François ; puis Thomas de Celano composa la 1re partie de la « Legenda antiqua » qu'il n'acheva que plus tard en y ajoutant le traité des miracles. Enfin Bernard de Besse et Bonaventure résumèrent la première partie de la « Legenda antiqua (2) » de Celano.

Nous ne discuterons dans ce catalogue que les points qui concernent Thomas de Celano, et nous verrons qu'au sujet du plus excellent biographe de saint François, Glassberger est tombé dans une aberration complète. D'abord la « Vita prima », ouvrage qui surpasse en intérêt tous les autres, ne reçoit pas même une mention honorable chez le Chroniqueur de Nuremberg. Frère Thomas est injustement relégué à l'arrière plan où nous le voyons occupé à la rédaction de la « Légende ancienne », Légende que Glassberger ne connaît guère que de nom. Car s'il l'avait vue, il n'aurait pas pu dire qu'elle a été mise en résumé par B. de Besse et Bonaventure, quand tout le monde sait que le Docteur séraphique et son secrétaire, sans négliger entièrement cette Légende ancienne, ont cependant pris pour base la 1re Vie de Célano. On le voit, Glassberger est dans une parfaite confusion et la cause en est facile à trouver.

Il était absolument persuadé que B. de Besse et Bonaventure avaient compulsé les ouvrages de Celano. Mais ce dernier avait écrit deux Vies, la première qui s'appelle « Vita Iᵃ », et la deuxième désignée sous le nom de « Vita IIᵃ » ou « Legenda antiqua ».

Celle-ci est composée de deux parties : l'une qui fut écrite sous Fr. Crescentius, l'autre sous Fr. Jean de Parme. Glassberger était sûr que le saint Docteur avait utilisé le premier

(1) Glassberger, Chronica. l. c. p. 46 sq.
(2) Voir Glassberger, l. c p. 68 sq ; 73.

ouvrage de Fr. Thomas. Mais comme notre Chroniqueur ne connaissait que la Vita II^a, que fit-il ? Il donna à la première partie de cette Vita II^a, le nom de Vita I^a et à la deuxième le nom de Vita II^a. Ainsi, pour Glassberger, la Vita I^a ou le premier ouvrage de Celano, c'est la première partie de la Légende ancienne. Il n'y avait pas pour lui d'autre explication possible.

Il suffit de lire attentivement son ouvrage pour se convaincre que telle en effet était sa persuasion. Nous y trouvons : « Et post modum ex mandato eiusdem Generalis Ministri (Crescentii) et generalis capituli compilavit frater Thomas de Celano *primum tractatum Legendae* (remarquez ce mot au singulier !) *sancti Francisci*. (1) » Et peu après : « Frater Johannes de Parma minister Generalis, multiplicatis litteris praecepit fratri Thomae de Celano, ut *vitam b. Francisci, quæ antiqua legenda dicitur, perficeret... et sic secundum tractatum compilavit*. (2) »

D'autre part, Glassberger nous donne la certitude évidente que pour lui la 1re et la 2e Vie de Celano étaient tout simplement les deux parties de la « Légende ancienne ». En copiant Fr. Jourdain de Giano il trouva la notice suivante : « Frère Thomas de Celano écrivit la 1re et plus tard la 2e (ancienne) Légende de saint François : *Legendam sancti Francisci et primam et secundam postea conscripsit*. (3) » Cela veut dire d'après la traduction de Glassberger : « Fr. Thomas de Celano écrivit plus tard la Légende ancienne de saint François : *antiquam legendam sancti Francisci postea conscripsit*. (4) »

C'était l'erreur la plus insidieuse, qu'on ait pu commettre dans la critique des biographies du saint Fondateur. Il ne faut cependant pas croire que Glassberger ait commis seul cette faute, et s'il l'a commise, s'il l'a rendue notoire dans ses ouvrages, nous sommes le premier à l'en excuser ; la faute ne retombe point sur lui, mais sur les écrivains du XIVe et du XVe siècle, à l'autorité desquels il s'est entièrement confié.

____

(1) Glassberger l. c. p. 68. sq.
(2) l. c. p. 73.
(3) Fr. Jordanus, Chron. n. 19. ed. Anal. fr. t. 1, p. 8.
(4) Glassberger, l. c. p. 21.

La « Chronique anonyme » écrite peu avant Glassberger
traduit (1) le passage de Jourdain que nous venons de citer,
exactement comme lui. Et son Catalogue des biographes de
saint François, il l'a copié presque à la lettre dans la « Chronique des XXIV Généraux » (2) achevée peu avant Barthélemy. Celui-ci donne aussi dans le piège. Parmi les biographes de saint François il connaît et utilise l'ouvrage des
3 compagnons (3), et les deux Légendes de saint Bonaventure (4). Au sujet de Thomas de Celano, il n'est pas mieux
orienté que la Chronique des XXIV Généraux et Glassberger. Tout ce qu'il sait, c'est que Celano a écrit la 1re Légende
de saint François ; mais bien qu'il l'appelle « *1re Légende
par ordonnance apostolique* » (5), il est certain qu'il n'entend
pas désigner autre chose, que la 1re Partie de la Légende
ancienne. Toutes les fois que Fr. Barthélemy cite des passages sous la rubrique « prout narrat Fr. Thomas de Celano
in legenda b. Francisci », « ut dicit Fr. Thomas in sua
legenda » etc., ces passages sont pris dans la IIe Vie ou
Légende ancienne de Celano (6), jamais dans la 1re Vie. En
lisant les « Conformités » nous voyons clairement que l'ouvrage appelé par les anciens « 1re Vie de Celano » lui était
absolument étranger.

Fr. Barthélemy semble, il est vrai, faire une distinction
entre la 1re Vie et la Légende ancienne et il les a compulsées l'une et l'autre : celle-là sous le nom de « Celano »,
celle-ci sous celui de « Legenda antiqua ».

Ceci ne doit cependant pas nous troubler. Car il n'attribue
à Thomas de Celano *qu'une seule* Légende « scripsit legen-

---

(1) Chronica anonyma ed. Anal. fr. t. I. p. 281.

(2) Chron. XXIV Generalium, ed. Analecta fr. t. III, p. 262 ; cf. p. 224. 276

(3) « Hic (fr. Leo) mandato fratris Crescentii generalis ministri, et capituli generalis, cum fratre Ruffino et fratre Angelo legendam composuit beati Francisci
quam legendam trium sociorum in hoc opere multociens nominavi et nominabo ».
Conform. l. l. fr. VIII. pars II. (ed. Mediol. 1150) fol. 50v.

(4) « Hic postmodum rogatu capituli generalis legendam maiorem et minorem
b. Francisci composuit quas modo habet et tenet totus ordo ». Conform. l. c.
fol. 75v.

(5) « Fr. Thomas qui mandato apostolico scripsit sermone polito legendam
primam b. Francisci ». Conform. l. l. fr. XI. pars II, fol. 124v.

(6) Comparez par ex. Conform. l. l. fr. I. pars II, fol. 14v. 1re colonne avec
Cel. Vita IIa pars I. c. 1. : Conform. l. l, fr. V. pars II. fol. 31v, 2me colonne
avec Cel. Vita IIa. p. III. c. 60.

dam primam » et c'est la 1re Partie de ce que nous appelons communément Vie ou Légende ancienne. Quand Fr. Barthélemy parle d'une « legenda antiqua » il ne désigne pas notre « Légende ancienne » qu'il n'attribue point à Celano, mais les « actus S. Francisci et Sociorum ejus. (1) » Jusqu'au XVIIIe siècle, la 1re Vie de Celano n'a plus été connue; la plupart des auteurs n'en ont pas même soupçonné l'existence et aucun n'en a utilisé le contenu.

C'est très singulier et il n'est pas facile de justifier la conscience historique des auteurs, qui ont quitté les premiers Celano. Nous pouvons cependant les absoudre, et deviner les raisons qui les ont autorisés à agir de la sorte.

Tout d'abord Celano était le panégyriste de Frère Elie. Or nous savons que non seulement les « Spirituels », mais aussi le parti de la « Large Observance » avaient une vraie horreur d'Elie.

Qu'on se souvienne seulement du « Liber de Prelato » (2) de Frère Salimbene !

Puis on appliqua à la 1re Vie le décret du Chapitre général de 1266 abolissant toutes les anciennes légendes : « omnes

---

(1) Ce que Barthélemy cite sous la rubrique « Legenda antiqua » se trouve dans les « Actus S. Francisci et sociorum ejus. » Voir les Conformités 1. 1. fr. IV, pars II. fol 28^r; fr. V. pars II fol. 31^v — 32^r ; fr. X, pars II, fol. 110^r — 110^v. Puisque Barthélemy appelle déjà ces « Actus » une *Légende ancienne*, cette collection doit nécessairement remonter à une date beaucoup plus haute qu'on ne serait porté à le croire d'après l'édition italienne des « Fioretti ». Le fond authentique remonte très probablement aux années 1245 et 1276-77. Au chapitre général, de 1245 Fr. Crescentius ordonna à tous les frères (universis fratribus) de lui adresser par écrit « *quidquid de vita, signis et prodigiis b. Francisci* scire veraciter possent. » Pour donner suite à cet ordre, Fr. Léon, Ange et Rufin composèrent leur Légende des 3 Compagnons. Outre cela beaucoup d'autres frères collectionnèrent un grand nombre de miracles que le Saint avait opérés dans différents pays, et furent tous publiés : « Aliis etiam multis recolligentibus multa miracula, quæ Sanctus in diversis orbis partibus fecerat, fuerunt publicata. » (Chron. XXIV General. ed. Anal. franc. t. III, p. 262.) Il est très possible que ces « multa miracula » se rencontrent dans les « Actus » et que c'est encore Fr. Léon qui y est intervenu comme rédacteur en chef. D'autres traits des « Actus S. Francisci et sociorum ejus » auront été ajoutés sous le Généralat de Fr. Jérôme d'Ascoli, 1274-81, qui, de concert avec le chapitre général de 1276-77. (Voir plus haut p. 37) ordonna à tous les provinciaux « quod inquirant de operibus b. Francisci et aliorum sanctorum Fratrum aliqua memoria digna, prout in suis provinciis contigerit eidem Generali sub certis verbis et testimoniis rescribendu. » (Little Decrees of the General Chapters of the Friars Minor, in the English hist. Review, 1898 vol. XIII p. 607.) Enfin l'édition des « Actus » de M. Paul Sabatier attendue avec impatience, nous donnera sur ce point des renseignements plus précis.

(2) Chronica Fr. Salimbene Parmensis (Parmae, Fiaccadori, 1857) p. 401 sqq.

legende de beato Francisco olim facte deleantur ». Ce décret qui éliminait les Légendes primitives pouvait embrasser ou toutes les Légendes anciennes en général ou les Légendes de chœur seulement. Cette deuxième version était la seule vraie, mais dans les deux cas, la 1re Vie de Celano était enveloppée dans le décret.

Enfin les Légendes de saint Bonaventure une fois écrites, la « legenda antiqua » de Celano et surtout sa 1re Vie n'avait plus la valeur d'autrefois. Depuis le Chapitre général de 1266, on profite de chaque occasion pour faire ressortir la supériorité des légendes du Docteur séraphique sur celles de Celano. On exagérait un peu, disons le franchement, mais si Celano est aussi grand biographe que saint Bonaventure, celui-ci s'adapta à son temps et aux besoins de l'Ordre après la scission qui venait de s'y produire, entre les Spirituels et la large Observance. Les Légendes de Bonaventure revêtirent le caractère d'un concordat entre les deux parties. Il nous donne de saint François une image parfaite, sans toucher aux questions sur lesquelles s'appuyaient les différends qu'il voulait composer, ou s'il les touche c'est avec la main magistrale du saint Docteur et de l'exquis diplomate. Il paraît que c'est surtout en vue de ces qualités précieuses que le Chapitre de 1266 abolit les anciennes légendes pour adopter celles de saint Bonaventure. Et en effet, après B. de Besse et Ange de Clarino la 1re Vie de Celano disparaît complètement et la 2e Vie partage bientôt le même sort. On lui fait encore un emprunt de temps en temps, mais elle aussi n'est plus qu'une « *légende ancienne* » vieillie, surannée, — « *legenda olim facta* » dirait le Chapitre de 1266 « *legenda antiqua* » disaient les auteurs du XIVe siècle. On l'opposa donc aux légendes récentes de saint Bonaventure approuvées et reçues de tout l'Ordre. C'est pourquoi ces dernières légendes se rencontrent dans une foule de manuscrits, tandis que de celles de Celano il ne nous reste que quelques exemplaires échappés peut-être par hasard à l'oubli ou même à une destruction préméditée.

Après tout cela, il est facile de comprendre comment certains auteurs ont pu soupçonner Frère Julien d'être le père de la Légende anonyme « Ad hoc quorundam ». Cette

Légende est tirée en partie de la 1re Vie de Celano, en partie
de l'office de saint François, composé par Frère Julien de
Spire. Or, non seulement les historiens des XIVe et XVe siècles niaient que Celano avait écrit une biographie avant 1246
(après la composition de l'Office et de la légende anonyme);
mais ils n'ont plus aucune notion de sa 1re Vie. Pour eux, la
Légende anonyme qui se trouvait par-ci par-là dans les lectionnaires ou ailleurs n'avait de rapport qu'avec l'Office de
saint François. Et puisqu'elle se rattachait si intimement à
cet office et qu'on ne savait rien d'un auteur ancien, qui
avant Julien, ou de son temps, eût écrit une légende, on
l'attribua sans façon à Julien lui-même. On arrivait à ce
résultat par le même paralogisme qui a trompé le R. P.
Ferdinand ; unité d'inspiration de l'Office et de la légende
anonyme : « Ad hoc quorundam » ; donc unité d'auteur !
Cette hypothèse était acceptable aux XIVe et XVe siècles,
où l'on ne connaissait point les ouvrages de Celano et beaucoup d'autres choses ; mais pour la critique historique de nos
jours, elle n'est plus admissible, pas même comme hypothèse.

Nous n'ajouterons qu'un mot. Il nous semble que, dans
la première moitié du XIIIe siècle, il n'existait pas même
de légende commençant par ces mots : « Ad hoc quorundam », c'est-à-dire que le prologue de la légende anonyme, tel qu'il se trouve aujourd'hui dans les Bollandistes
et qui est indiqué par Frère Nicolas Glassberger, n'est pas
authentique. On l'a ajouté, croyons-nous, après la rédaction
de la Légende. En s'appuyant sur l'exemple de saint Pierre
infidèle, de saint Paul persécuteur, de saint Mathieu publi-
cain, de Marie « aux sept démons, l'amie privilégiée » de
Notre-Seigneur, ce prologue ramasse des raisons théologi-
ques et historiques pour excuser la jeunesse de saint François et les petites ombres qu'elle jette dans les récits de la
« Légende anonyme ».

A première vue déjà, on est frappé de trouver cette justi-
fication armée dans une légende écrite avant 1240. Dans ce
temps-là, au lieu d'excuser et de justifier, il était reçu d'accentuer sans détours les écarts du jeune fils de Pierre
Bernadone. D'accord avec la « Légende anonyme », Celano
dans sa 1re Vie, Julien dans l'Office rimé, les 3 Compa-

gnons dans leur Légende retracent librement ces quelques défauts, peut-être même avec des couleurs trop vives, mais c'est pour mieux faire ressortir les miracles de la grâce opérés dans S. François après sa « conversion ».

Vers 1260, une réaction très marquée se produisit contre cette manière d'écrire la vie du Saint. La 2me Légende de Celano en est le premier témoin. Sans se mettre en opposition avec la 1re Vie, elle ne fait cependant plus ressortir que ce qu'il y a de saint, de surnaturel, d'extraordinaire dans la jeunesse du Séraphin. Quelques années plus tard le chapitre de Narbonne (1260) jugea à propos de donner le décret suivant : « In illa antiphona beati Francisci que sic incipit : *Hic vir in vanitatibus nutritus indecenter*, fiat talis mutatio : *Divinis karismatibus preventus est clementer.* » (1) C'est la 1re antienne des Matines de l'Office, qui contenait le résumé historique de la jeunesse de S. François : « Hic vir in vanitatibus nutritus indecenter plus suis nutritoribus se gessit insolenter ». Désormais il fallait chanter : « Hic vir in vanitatibus nutritus indecenter divinis charismatibus preventus est clementer. » Or, la « légende anonyme » qu'on lisait en même temps au chœur s'appuyait sur l'ancienne teneur de l'Office et comme il était impossible de la changer, on lui ajouta, probablement entre 1260 et 1266, le prologue comme lettre d'excuse. En 1266, enfin, saint Bonaventure y remédia en écrivant dans sa légende de chœur : « Licet enim inter vanos fuerat hominum filios iuvenili aetate nutritus in vanis… superno tamen sibi assistente praesidio nec inter lascivos iuvenes post carnis petulantiam abiit (2). » Cette fois l'Office dans sa nouvelle forme était en harmonie avec la légende.

D'autres raisons encore soutiennent notre opinion sur la non authenticité du prologue « *Ad hoc quorundam.* » D'abord le style tortueux, la diction obscure, les phrases ampoulées, dures, affectées, contrastent manifestement avec la « Légende

---

(1) P. Ehrle, Die ältesten Redactionen der General constitutionen des Fr. — Ordens, im Archiv. Bd. VI. p. 35.

(2) Legenda minor, lectio Ia (Opera sancti Bonav. t. VIII ; Quaracchi 1889 p. 565). Dans la Légende anonyme on lisait au contraire : « in vanjtatibus indecenter nutritus, insolentior est effectus » (Acta SS. l. c. p. 560, no 78). On le voit, saint Bonaventure s'oppose à la Légende anonyme comme l'antienne de 1260 à l'Office primitif

anonyme ». Puis le prologue répète à deux reprises et presque mot à mot, un passage, qui revient immédiatement après dans le corps de la Légende (1). C'est une tautologie introduite après coup. Enfin, excepté le ms, en question qui était peut-être le même que celui de Glassberger et des Bollandistes, ou appartenait du moins à la même famille, aucun manuscrit latin connu jusqu'ici ne contient ce prologue. Cod. 5,333 et 14,364 de la Bibliothèque Nationale de Paris (2), Cod. 2,354 de la Bibliothèque universitaire de Cambridge et Vincent de Beauvais commencent tous avec la légende proprement dite, sans prologue.

Arrivé à la fin de cette étude, résumons notre pensée.

D'abord, nous regrettons de ne pouvoir offrir nos félicitations au R. P. Ferdinand pour sa « Nouvelle découverte de la critique historique ». Ce qu'il appelle un « fait irrécusable », rendant « impossible toute hésitation (3) » ne mérite pas des titres aussi pompeux et ne peut même prétendre, nous l'avons démontré, à la modeste dignité d'une hypothèse. Ensuite, nous nous permettrons de rétorquer le compliment qu'il adresse aux autres historiens, « qu'à coup sûr, ils n'ont pas lu attentivement, si tant est qu'ils les connussent (4) » les sources de l'histoire séraphique qu'il avait exploitées. Mais si nous avons réussi de jeter quelques lueurs sur la « Légende anonyme » de saint François, nous rendons grâces au R. P. Ferdinand de nous avoir fourni l'occasion de mieux approfondir un des points obscurs de nos origines franciscaines.

(1) P. Ferdinand, éd. de J. Rigauld p XIX.
(2) P. Ferdinand l. c. p. 166.
(3) Cf. Acta SS. l. c. p. 548 n. 15 et p. 560 n. 79.
(4) Voir Socii Bollandiani. Catalogus codicum hagiographicorum latin. Biblioth. Nat. Paris. t. II, p. 251, 280, t. III. p. 233 n. 53.

Vannes. — Imprimerie LAFOLYE, 2, place des Lices

[illegible] images que [illegible]
[illegible] de la Compagnie, etc. est que la biologie [illegible]
[illegible] la question [illegible] investigation ou [illegible]
nous avons même que [illegible]
[illegible] impossible de croire [illegible]
[illegible] connaissance [illegible]
[illegible]
[illegible]

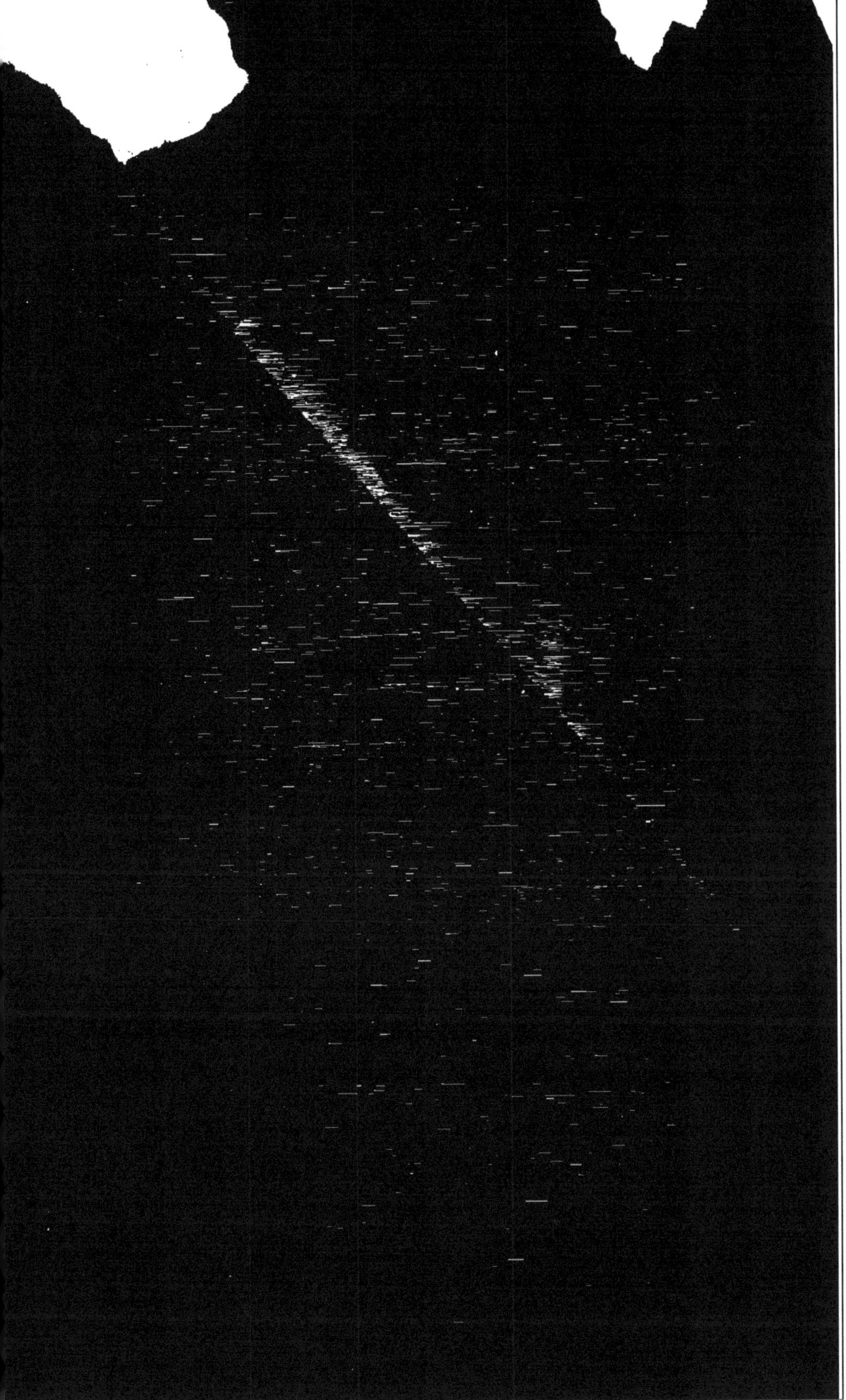

VANNES. — IMPRIMERIE LAFOLYE